MICHAEL COLLINS PIPER

LOS SUMOS SACERDOTES
DE LA GUERRA

La historia secreta de cómo los "neoconservadores" trotskistas estadounidenses llegaron al poder y orquestaron la guerra contra Irak, la primera etapa de su plan para un imperio mundial

OMNIAVERITAS®

MICHAEL COLLINS PIPER

Michael Collins Piper fue un escritor político y presentador de radio estadounidense. Nació en 1960 en Pensilvania, Estados Unidos. Fue colaborador habitual de *The Spotlight* y su sucesor, *American Free Press*, periódicos apoyados por Willis Carto. Falleció en 2015 en Coeur d'Alene, Idaho, Estados Unidos.

Los Sumos Sacerdotes de la Guerra

La historia secreta de cómo los "neoconservadores" trotskistas estadounidenses llegaron al poder y orquestaron la guerra contra Irak, la primera etapa de su plan para un imperio mundial.

The High Priests of War

The Secret History of How America's "Neo-Conservative" Trotskyites Came to Power and Orchestrated the War Against Iraq as the First Step in Their Drive for Global Empire

Primera edición en Estados Unidos: junio de 2004 American Free Press

Traducido y publicado por
Omnia Veritas Limited

⊘MNIA VERITAS.

www.omnia-veritas.com

© Omnia Veritas Ltd - 2025

SOBRE LA PORTADA...

Arriba a la izquierda, la imagen de una estatua de la Virgen María a la que disparó un tanque del ejército israelí el 14 de marzo de 2002, rompiéndole la nariz y cortándole las manos. La odiada estatua se encontraba sobre el Hospital Católico y Orfanato de la Sagrada Familia de Jerusalén, junto a una bandera del Vaticano. Los israelíes dispararon a quemarropa. No fue un accidente. Fue un acto de odio.

El odio también se expresa en la violenta imagen del ahorcamiento de Amán, tomada de un artefacto religioso judío. La ejecución de Amán, uno de los primeros de los muchos enemigos del pueblo judío, se celebra en la fiesta de Purim, que - por pura coincidencia, se dice- marcó el inicio de la guerra contra Irak, un hecho señalado por los periódicos judíos cuando describieron a Sadam Husein como un Amán moderno.

En el nivel central izquierdo, un relieve del Arco de Tito en Roma recuerda el saqueo de Jerusalén por los romanos y la captura triunfal de la menorá del templo judío.

La caída de Jerusalén -una de las grandes catástrofes de la historia judía- forma parte de una larga serie de acontecimientos que han marcado el conflicto de Oriente Próximo, que aún perdura.

En el centro de la derecha está Ariel Sharon, el brutal césar israelí cuya dura política hacia los árabes palestinos cristianos y musulmanes es muy popular entre sus compatriotas y muy admirada por la mayoría de los líderes judíos estadounidenses y sus aliados del movimiento neoconservador, a pesar de la importante oposición judía de base.

El objetivo de Sharon de un "Gran Israel" es parte integrante de la agenda neoconservadora y el colmo del odio y el imperialismo.

Abajo, de izquierda a derecha, Paul Wolfowitz, Richard Perle, William Kristol y Henry Kissinger, quizá las figuras más poderosas de la red neoconservadora que orquestó la trágica guerra estadounidense contra Irak. Los sumos sacerdotes neoconservadores de la guerra sueñan con establecer un imperio global y pretenden utilizar a la juventud estadounidense como carne de cañón para lograr su objetivo.

Es odio, y *tenemos que* luchar contra el odio.

Un agradecimiento especial a John Tiffany por su excelente edición, como siempre. ¿Buscas al mejor editor del mundo? John es el hombre. Te volverá loco con sus preguntas y sus remilgos, pero hace el trabajo. (Puede ponerse en contacto con John en xuou@yahoo.com) Todos los errores de este libro son míos. Simplemente significa que he ignorado los sabios consejos de John.

También nos gustaría dar las gracias a Lamis Andoni por permitirnos citar su excelente exposición de las infames acciones de Bernard Lewis.

Un agradecimiento especial a Bill y Kathleen Christison y a Anis Shivani, cuyos perspicaces comentarios en counterpunch.org han sido de gran ayuda para mis esfuerzos.

El trabajo de John Sugg en atlanta.creativeloafing.com es imprescindible para cualquier persona interesada en las intrigas de los poderes fácticos.

No se puede sobrestimar la importancia de la obra de Andrew Bacevich, en particular de su libro *American Empire*.

Gracias a estas y otras muchas personas que se atrevieron a enfrentarse a los más magistrales intrigantes que jamás hayan asumido tan inmenso poder en Estados Unidos.

-MCP

"LUGARES MALOS"...

"La lista de posibles malos lugares no empieza con las casas encantadas y termina con los hoteles encantados; se han escrito historias de terror sobre estaciones de tren encantadas, automóviles, prados, edificios de oficinas. La lista es interminable y probablemente se remonta al hombre de las cavernas que tuvo que abandonar su agujero en la roca porque oía lo que parecían voces en las sombras. Si son voces reales o voces del viento es una pregunta que aún nos hacemos en las noches oscuras".

-EL MAESTRO DEL HORROR STEPHEN KING

Los Altos Sacerdotes de la Guerra es un libro de no ficción que se asemeja a una novela gótica de terror, un cuento clásico sobre una casa encantada y los espíritus malignos que la habitan, la historia de un joven rey rico -miembro de una famosa familia- instalado en un majestuoso palacio y dotado de grandes poderes, pero rodeado, incluso poseído, por fuerzas demoníacas malévolas que lo manipulan desde "detrás del escenario, en las sombras".

Pero los sumos sacerdotes de la guerra existen en la vida real. El daño que estos belicistas neoconservadores están haciendo a Estados Unidos y al mundo es inmenso.

Si estos neoconservadores continúan con su reinado de ruina, no debería sorprendernos ver cómo la Casa Blanca vuelve a tener el aspecto que tenía después de que fuera destripada por las antorchas británicas en 1814: ya sea como resultado de una rebelión popular de estadounidenses patriotas enfurecidos o de un ataque de fuerzas extranjeras decididas a poner fin a las intrigas de los sumos sacerdotes de la guerra.

Una cosa es cierta: **ha llegado el momento. Hay que hacer algo...**

ANDREW ST. GEORGE

25 OCTUBRE 1923 - 2 MAYO 2001

DEDICACIÓN

Al único ANDREW ST. GEORGE

-El intrépido periodista que fue el primero en cubrir las extrañas intrigas de los belicistas neoconservadores mucho antes de que los principales medios de comunicación los reconocieran como actores principales en la escena mundial.

Amigo apreciado y figura memorable, extraordinario cuentista, bon vivant, esposo cariñoso y padre orgulloso, Andrew fue un mentor cuya experiencia como corresponsal internacional no tenía parangón.

El informe de Andrew, que fue el primero en llegar hasta allí, reveló a los neoconservadores como la verdadera amenaza para la paz mundial que son.

-MICHAEL COLLINS PIPER

Un senador estadounidense habla: Por qué mueren realmente estadounidenses en Irak...

"Con 760 muertos en Irak y más de 3.000 mutilados de por vida, el pueblo iraquí sigue preguntándose por qué estamos en Irak y cómo salir..... Incluso el presidente Bush admite que Sadam Husein no tuvo nada que ver con el 11 de septiembre... Por supuesto, no había armas de destrucción masiva. Los servicios de inteligencia israelíes, el Mossad, saben lo que está pasando en Irak. Son los mejores. Necesitan saberlo. La supervivencia de Israel depende de este conocimiento. Israel nos habría conducido a las armas de destrucción masiva hace mucho tiempo si las hubiera o si hubieran sido retiradas. Puesto que Iraq no es una amenaza, ¿por qué invadir un país soberano? La respuesta: la política del Presidente Bush para asegurar Israel".

-Senador estadounidense Ernest F. Hollings (D-S.C.) *en el* Charleston Post and Courier, *6 de mayo de 2004.*

(Por hacer estos comentarios tan contundentes, en una columna en la que también nombraba específicamente a varios de los "sumos sacerdotes de la guerra" descritos en este libro, el senador Hollings -amigo desde hace mucho tiempo del ejército estadounidense- fue denunciado rotundamente por la Liga Antidifamación y por una multitud de políticos deseosos de ganarse el favor del lobby israelí. Sin embargo, no mucho antes, un respetado periódico judío, *Forward,* había declarado que Israel se había beneficiado de la guerra de Iraq - "de una manera única"- y que la inteligencia israelí había proporcionado información utilizada por la administración Bush para justificar la invasión de Iraq. Véase más abajo lo que dijo *Forward*).

Un importante periódico judío explica: Israel se ha "beneficiado de forma única" de la guerra de Irak...

"En vísperas de la guerra, Israel era un partidario silencioso pero entusiasta de los planes de guerra estadounidenses. El poderío militar de Saddam Hussein, según todos los indicios, le convertía en uno de los adversarios más peligrosos del Estado judío..... Su derrocamiento se consideraba la eliminación de la amenaza existencial más grave para Israel... [e Israel] cooperó con entusiasmo... compartiendo información sobre las capacidades e intenciones iraquíes... con la intención de ayudar a la acción estadounidense..... Pero como Israel se ha beneficiado de una manera única de una guerra que es cada vez más controvertida en Estados Unidos y en todo el mundo, los temores a hablar se han hecho aún más fuertes de lo que eran antes de la guerra".

El semanario judío neoyorquino
Forward, 16 de abril de 2004

PRÓLOGO

Autoridad sin responsabilidad...

Aunque recientemente se ha escrito mucho sobre las intrigas de los neoconservadores que dirigen la administración de George W. Bush, *Los Sumos Sacerdotes de la Guerra* es, con mucho, el libro más completo sobre el tema disponible en la actualidad, entre otras cosas porque explora la agenda neoconservadora desde una perspectiva histórica extremadamente importante que generalmente ha sido ignorada en el fragor del debate actual.

Es justo decir que el autor, Michael Collins Piper, fue uno de los primeros periodistas del mundo en reconocer la infiltración neoconservadora en las altas esferas de la maquinaria política y de inteligencia estadounidense y en empezar a escribir sobre ello a principios de la década de 1980.

Piper rinde el debido homenaje a nuestro viejo amigo y colega, el difunto Andrew St. George -a quien está dedicado este libro- por haber originado el primer gran informe sobre los neoconservadores, y puede decirse con razón que St. George es el "padrino" literario de este importante libro.

Abordando la cuestión política más importante de nuestro tiempo, analizando hábilmente sus orígenes, dando nombres y describiendo la agenda y las fechorías del muy astuto y estrechamente interconectado grupo que mueve con destreza los hilos que manipulan a las marionetas en el escenario político, *Los Sumos Sacerdotes de la Guerra es* un libro de referencia.

Los neoconservadores han logrado la hazaña política suprema: tienen la autoridad pero no la responsabilidad del desastroso curso de la historia estadounidense, al abrigo de sus fechorías y de su responsabilidad, gracias a su prensa controlada.

Así, mientras nuestro país va de desastre en desastre, la prensa cuenta al público lo maravilloso que es todo, o se culpa de la situación a políticos reemplazables, mientras los neoconservadores estrechan el cerco.

Este sórdido escenario es desconocido para todos excepto para un pequeño puñado de americanos patriotas. Si un número significativo de estadounidenses puede ser despertado a la realidad política descrita tan claramente por Michael Collins Piper en este libro, la revelación por sí sola pondrá fin a la conspiración.

-W. A. CARTO

PRÓLOGO

"Es hora de declarar la guerra a los sumos sacerdotes de la guerra"

Aunque la mayoría de los anticomunistas estadounidenses - aunque ciertamente no todos- han sido sinceros, es esencial afrontar la triste e incómoda verdad de que la Guerra Fría fue en gran medida un fraude.

Mientras al estadounidense medio se le decía que temiera a la Unión Soviética, los principales banqueros e industriales de Estados Unidos participaban en amplios acuerdos comerciales y otros lucrativos tratos con los dirigentes del Partido Comunista. El propio gobierno estadounidense ponía a disposición de su supuesto rival grandes cantidades de tecnología de defensa y otros datos. Así que sí, la Guerra Fría fue una farsa.

Comprender y aceptar por fin esta difícil realidad nos permitirá replantearnos la locura globalista de los últimos 50 años y prepararnos para la verdadera batalla por la supervivencia que nos espera.

Hasta que los estadounidenses no estén finalmente dispuestos a reconocer que el frenesí anticomunista al que tantos han dedicado sus energías estaba de hecho tan mal dirigido y fracasado, no tiene sentido continuar la lucha. Durante generaciones luchamos contra "enemigos" percibidos en el extranjero, pero el verdadero enemigo estaba aquí en casa, infiltrándose y apoderándose de los rangos superiores del aparato de seguridad nacional e inteligencia estadounidense.

Como demuestran claramente las pruebas presentadas en este libro, la amenaza soviética, por muy grande que fuera en su momento, ha entrado claramente en una espiral descendente en las últimas décadas, con una fuerza cada vez menor.

Sin embargo, las fuerzas neoconservadoras, deseosas de explotar el miedo al poder soviético para poner en práctica su propia agenda, exageraron tanto el poder militar como las intenciones soviéticas. Y hay que decir, con razón, que la base de la agenda neoconservadora -desde el principio- no fue sólo la seguridad, sino también el avance imperial del Estado de Israel.

Debemos abandonar la retórica arcaica del pasado y centrarnos en la verdadera amenaza para Estados Unidos -y para la soberanía de todas las naciones y pueblos: las fuerzas imperiales ávidas de poder empeñadas en utilizar los recursos y el poderío militar estadounidenses para establecer un estado policial global bajo el control de unos pocos privilegiados: la élite internacional y sus políticos comprados y pagados, los burócratas sin principios y los medios de comunicación que glorifican e intentan popularizar la agenda de los futuros gobernantes de una plantación global que sus partidarios han bautizado como el "Nuevo Orden Mundial".

Aunque The *Spotlight* tenía razón al atreverse a sugerir, tras la caída del imperio soviético, que "el comunismo ha muerto", hubo algunos incondicionales que se negaron a aceptar la evidencia. Oh, no", gritaron los John Birchers, "el comunismo no está realmente muerto. Es sólo una treta. Los rojos han pasado a la clandestinidad y están esperando la oportunidad de atacar.

Los Birchers y los de su calaña siguen creyendo que Josef Stalin se esconde en un armario del Kremlin, listo para abalanzarse y decir "buu". Paradójicamente, es ahora cuando los Birchers están reconociendo que los neoconservadores -a quienes han promovido durante años en las páginas de sus revistas como *Review of the News* y *The New American*- están lejos de *ser* "patriotas conservadores" convencionales en cualquier sentido de la palabra.

La misma multitud que blandía sus sables contra la "amenaza comunista" ha empezado a sustituirla por la "amenaza islámica" como nuevo peligro a vencer. Esto no es ninguna sorpresa. Durante años, durante la Guerra Fría, los "conservadores" estadounidenses (especialmente los Birchers) declararon libremente (y falsamente) que la Organización para la Liberación de Palestina formaba parte de una "red terrorista respaldada por los soviéticos", a pesar de los hechos.

De hecho, no es una coincidencia que estos mitos sobre la OLP se hayan propagado más ampliamente en los escritos de una ideóloga neoconservadora proisraelí, Claire Sterling, cuyo ahora famoso "estudio", *La red del terror*, se ha convertido en la biblia virtual del lobby israelí en su campaña para desacreditar la causa nacionalista palestina.

Hoy, en nombre de la "lucha contra el terrorismo", los conservadores anticomunistas han dado su apoyo a la instauración de un Estado policial en nuestro territorio para "salvaguardar la libertad".

A este respecto, cabe señalar que hace más de 50 años, en los primeros días de la Guerra Fría, el ex agente de la CIA William F. Buckley Jr, que pronto se autoproclamaría "líder" del movimiento "conservador" estadounidense, puso las cosas en su sitio. En un artículo publicado en *Commonweal* el 25 de enero de 1952, Buckley contaba que estaba dispuesto a apoyar al "Gran Gobierno" "mientras durara [la Guerra Fría]" porque, proclamaba, sólo "una burocracia totalitaria en nuestro suelo" podía garantizar la victoria total sobre la amenaza comunista.

La guerra fría anticomunista ha terminado, pero la guerra caliente antiislámica (llamada "antiterrorista") está en marcha. Y aquí, en las costas de Estados Unidos, tenemos un nuevo Departamento de Seguridad Nacional que pretende acabar con las libertades estadounidenses bajo el pretexto de protegerlas. ¿Por qué habría de sorprendernos

La "amenaza comunista" nunca existió dentro del Partido Comunista Americano que, como señaló la *American Free* Press, estaba controlado al más alto nivel por Morris Childs, un activo del FBI de J. Edgar Hoover: sionista de origen ruso, Childs se apartó del comunismo de estilo soviético cuando detectó ecos del nacionalismo tradicional ruso bajo Stalin. No, el Partido Comunista Americano nunca fue una amenaza, aunque Hoover -un viejo aliado de la Liga Antidifamación sionista- manipuló el pequeño partido para la agenda secreta de sus "asesores" entre bastidores.

La amenaza comunista tampoco residía en las filas más "liberales" del Partido Demócrata. No fue el New Deal, ni el Fair Deal, ni Camelot, ni la Gran Sociedad, ni el Clintonismo lo que trajo a Estados Unidos una marca única y actualizada de bolchevismo al estilo trotskista. En su lugar, es el "conservadurismo compasivo" del hombre que está siendo seriamente promocionado como "el nuevo Ronald Reagan": George W. Bush.

No es casualidad que, pocos días después del inicio de la guerra contra Irak, el órgano "oficial" estadounidense de los trotskistas -*Partisan Review*- *cerrara* sus puertas. En realidad, la pequeña revista intelectual había perdido su razón de ser, ya que su objetivo de asegurarse el poder se había conseguido por la proverbial "puerta de atrás".

Este libro presenta una visión breve pero detallada de las intrigas de los neoconservadores. Sería posible escribir mucho más, pero se correría el riesgo de sobrecargar el libro. No obstante, parece oportuno concluir, a estas alturas, diciendo simplemente:

Es hora de declarar la guerra a los sumos sacerdotes de la guerra...

-MICHAEL COLLINS PIPER

RESUMEN EJECUTIVO

LOS SUMOS SACERDOTES DE LA GUERRA

La historia secreta de cómo los trotskistas "neoconservadores" estadounidenses llegaron al poder y orquestaron la guerra contra Irak, la primera etapa de su plan para un imperio mundial.

El siguiente informe se basa en esta premisa: la guerra contra Irak que está librando la administración estadounidense del presidente George W. Bush es contraria no sólo a los principios "conservadores" tradicionales de Estados Unidos, sino también a todos los principios de la política exterior estadounidense del último medio siglo

QUE la guerra contra Irak se está librando con fines mucho más amplios que el "cambio de régimen" o la "eliminación de armas de destrucción masiva"; ante todo, como parte de un esfuerzo global para convertir a Estados Unidos en la única superpotencia internacional capaz, militar y económicamente, de suprimir a todas las naciones y/o pueblos que se atrevan a desafiar la hegemonía estadounidense

QUE la guerra contra Iraq es sólo el primer paso de un plan de larga duración y gran alcance para lanzar una acción aún más agresiva contra todo el Oriente Medio árabe con el fin de "rehacer el mundo árabe" para garantizar la supervivencia del Estado de Israel y extender su poder; QUE la guerra contra Iraq es sólo el objetivo inicial de este plan cuidadosamente planeado y que, en última instancia, otros Estados árabes y musulmanes están condenados a la extinción total o a alguna forma de ocupación o control por parte de las fuerzas militares y políticas estadounidenses (en alianza con Israel); QUE la guerra contra Iraq y el plan de subyugación de los pueblos árabes no son más que una adaptación modificada y modernizada del sueño histórico sionista del "Gran Israel", ajustado para satisfacer las exigencias de las compañías petroleras internacionales, que están, a su vez, bastante dispuestas a compartir el objetivo de dominar los Estados productores de petróleo del mundo árabe en asociación con el Estado de Israel

QUE la guerra contra Irak fue orquestada deliberadamente por una pequeña pero poderosa red de elementos sionistas de la "derecha" dura -los llamados "neoconservadores"- en los niveles más altos de la administración Bush, hábilmente ayudados e instigados por individuos afines en organizaciones de política pública, grupos de reflexión, publicaciones y otras instituciones, todos ellos estrechamente interconectados y, a su vez, vinculados a las fuerzas "likudnik" de la derecha dura de Israel

QUE la guerra contra Irak y otras acciones de Estados Unidos contra el mundo árabe pueden remontarse a intrigas políticas sionistas en las altas esferas de la comunidad de inteligencia estadounidense, que se remontan a principios de la década de 1970, y que muchos de los mismos actores implicados en estas actividades dirigen hoy la política de la administración Bush

QUE la guerra contra Irak es un complemento de la anteriormente declarada "guerra contra el terror", que a su vez formaba parte de una campaña de propaganda cuidadosamente coordinada y desarrollada durante mucho tiempo, basada en la teoría de que el terrorismo es de algún modo una característica "árabe".

Este informe examinará todos estos aspectos, citando una amplia variedad de fuentes, y se centrará en gran medida en los hechos expuestos que han sido ampliamente difundidos en la prensa "mainstream" en lengua inglesa de EE.UU.. Los hechos hablan por sí solos. En los casos en que este informe se permita especulaciones u opiniones, éstas se señalarán debidamente o se aclararán de otro modo.

"Si la comunidad judía no apoyara firmemente esta guerra contra Irak, no estaríamos en esta situación. Los líderes de la comunidad judía son lo suficientemente influyentes como para poder cambiar el rumbo de esta guerra, y creo que deberían hacerlo.

-Jim Moran, congresista demócrata por Virginia, en un foro público en su circunscripción.[1]

A pesar del frenesí público que siguió a las declaraciones del congresista liberal Jim Moran, incluso el influyente periódico judío neoyorquino *Forward* se vio obligado a admitir en su edición del 28 de febrero de 2003 que el papel del lobby pro-israelí y de sus miembros en puestos decisorios de alto nivel en la administración del presidente George W. Bush se estaba convirtiendo cada vez más en una cuestión de debate público. El congresista Moran se había limitado a resumir la cuestión en unas breves pero polémicas declaraciones.

Forward citó al columnista judío estadounidense Michael Kinsley, quien escribió el 24 de octubre de 2002 que el papel central de Israel en el debate estadounidense sobre una posible guerra con Iraq era "el proverbial elefante en la habitación". Sobre este elefante, Kinsley añadió: "Todo el mundo lo ve, nadie lo menciona". *Forward* lo expresó sin rodeos: "Kinsley se refería a un debate, antes susurrado en las trastiendas, pero que recientemente se ha hecho audaz en los principales medios de

---

[1] De ello informaron numerosos medios de comunicación, entre ellos *el New York Times* el 15 de marzo de 2003.

comunicación, sobre la influencia judía e israelí en la configuración de la política exterior estadounidense".[2]

El periódico judío señala que ahora incluso las publicaciones estadounidenses "dominantes", desde el *Washington Post* a *The Economist* e incluso canales de televisión como CNN y MSNBC, ofrecen debates francos y abiertos sobre el tema. Según la valoración del *Forward*

> Muchos de estos artículos pintan un cuadro del Presidente Bush y el Primer Ministro Sharon trabajando en tándem para promover la guerra contra Irak. Muchos describen una administración llena de conservadores motivados principalmente, si no únicamente, por la defensa de Israel.
>
> Algunas voces respetadas incluso han abordado abiertamente el papel de las organizaciones judías estadounidenses en la ecuación, sugiriendo un significativo giro a la derecha en cuestiones de Oriente Medio y una intensa lealtad a Sharon. Otros sacan a relucir la noción de la influencia judía e israelí sólo para atacarla como antisemitismo.[3]

Sin embargo, como para confirmar la idea central de los comentarios del diputado Moran, incluso Ari Shavit, escribiendo en *Ha'aretz*, el periódico israelí, el 9 de abril de 2003, declaró simplemente: "La guerra de Irak fue concebida por 25 intelectuales neoconservadores, la mayoría de ellos judíos, que

---

[2] *Forward*, 28 de febrero de 2003. (Los comentarios citados de Kinsey fueron publicados en línea por la revista *Slate* en slate.com en un artículo fechado el 24 de octubre de 2002).

[3] *Ibid.*

están presionando al presidente Bush para que cambie el curso de la historia".[4]

De hecho, como demostraremos, los registros históricos indican -sin sombra de duda- que la entonces inminente guerra contra Irak fue, de hecho, en gran medida el producto de un plan de larga duración, cuidadosamente calculado y orquestado. Este plan pretendía establecer la hegemonía mundial estadounidense basándose en los objetivos geopolíticos de un pequeño pero influyente grupo de responsables políticos dentro de la administración del presidente George W. Bush, un grupo íntimamente ligado durante casi un cuarto de siglo al gran diseño del "Gran Israel", un sueño largamente acariciado por los pioneros sionistas que fundaron el Estado de Israel, y cuyos seguidores de la actual "derecha" de línea dura son cada vez más influyentes en todos los ámbitos de la sociedad israelí, especialmente en el gobierno.

Este pequeño pero creciente grupo de estadounidenses se autodenomina "neoconservadores". Constituyen prácticamente un "partido de la guerra" en Estados Unidos. Admiran y apoyan sin pudor al partido de línea dura Likud de Israel, dirigido por Ariel Sharon. Estos neoconservadores tomaron decisiones políticas dentro de la administración Bush que esencialmente colocaron a Estados Unidos de América (bajo la presidencia de George W. Bush) en una firme alianza con el régimen de Sharon en Israel.

El estudio que vamos a emprender ofrecerá una visión general de la historia y el desarrollo de la red neoconservadora, dando nombres y relacionando sus políticas con los elementos de Israel con los que están aliados.

---

[4] *Ha'aretz*, 9 de abril de 2003.

Pero es importante reconocer que, en muchos aspectos, las políticas defendidas por el "Partido de la Guerra" neoconservador están, históricamente hablando, muy alejadas de la visión tradicional estadounidense. Las políticas del Partido de la Guerra representan sólo una pequeña facción -aunque poderosa e influyente- en Estados Unidos. Philip Golub, periodista y profesor de la Universidad de París VIII, ha escrito sobre la estrategia neoconservadora:

> Durante más de 25 años, la derecha neoconservadora ha intentado, con mayor o menor éxito, establecerse como la fuerza ideológica dominante en Estados Unidos, sobre todo a la hora de definir la política exterior.
>
> Frustrada durante mucho tiempo por el proceso democrático y la resistencia pública al Estado de seguridad nacional, ahora está a punto de triunfar, gracias a la disputada victoria electoral de George Bush en 2000 y al 11 de septiembre de 2001, que transformó a un presidente accidental en un César estadounidense. El presidente Bush se ha convertido en el vehículo neoconservador de una política basada en el unilateralismo, la movilización permanente y la "guerra preventiva".
>
> La guerra y la militarización habrían sido imposibles sin el 11 de septiembre, que inclinó la balanza institucional a favor de la nueva derecha. Más allá de motivaciones tan oportunistas como aprovechar la oportunidad estratégica de redibujar el mapa de Oriente Medio y el Golfo Pérsico, esta elección refleja ambiciones imperiales mucho más amplias...
>
> Este proyecto autoritario se hizo factible en el mundo unipolar después de 1991, cuando Estados Unidos obtuvo el monopolio del uso de la fuerza en las relaciones interestatales. Pero fue concebido en la década de 1970, cuando se formó por primera vez la coalición extremista ahora en el poder.

El objetivo es unificar la nación y garantizar la supremacía estratégica de Estados Unidos en el mundo. Los instrumentos son la guerra y la movilización permanente, que requieren la identificación constante de nuevos enemigos y el establecimiento de un Estado de seguridad nacional fuerte, independiente de la sociedad.[5]

El autor estadounidense Michael Lind señala que el sueño imperial esbozado por la camarilla neoconservadora "contaba con la oposición de la élite de la política exterior estadounidense y de la mayoría del pueblo estadounidense, que según las encuestas se oponía a la acción militar de Estados Unidos en Irak y en otros lugares sin el apoyo de aliados e instituciones internacionales como las Naciones Unidas. La política exterior de la derecha radical sólo contó con el apoyo entusiasta de dos grupos en Estados Unidos: los políticos e intelectuales no conservadores de la élite, y los votantes protestantes del Sur entre el público en general."[6]

A pesar de la oposición generalizada, tanto en Estados Unidos como en el resto del mundo, el 17 de marzo de 2003 el Presidente estadounidense George W. Bush anunció oficialmente que la guerra contra Irak era inminente. Tras meses de agrio debate, el Presidente estadounidense declaró que Estados Unidos -aliado con Gran Bretaña y un puñado de países más- actuaría efectivamente "en solitario", sin el apoyo de la comunidad mundial.

Algunos críticos señalarán que el 17 de marzo era la víspera de Purim, la tradicional fiesta judía que celebra la victoria del

---

[5] Philip S. Golub. "Inventing Demons. Revista *Counterpunch* en línea en counterpunchorg, 5 de abril de 2003. La traducción inglesa fue reeditada por *LeMonde Diplomatique*.

[6] *Michael Lind.* Made in Texas: George W. Bush and the Southern Takeover of American Politics *(Nueva York: Basic Books, 2003), p. 138.*

antiguo pueblo judío sobre su odiado enemigo, Amán. Sin embargo, no todos los judíos -en Estados Unidos o en otros lugares- se han unido a la camarilla "neoconservadora", aunque de hecho la mayoría de los principales neoconservadores son judíos.

RICHARD PERLE Y WILLIAM KRISTOL

Como señaló el escritor judío estadounidense Stanley Heller en los días previos al ataque a Iraq: "Le debemos al pueblo estadounidense decirles toda la verdad, que es que parte de la campaña de guerra está siendo alimentada por una chiflada camarilla militarista de Israel y sus grupos entrelazados de partidarios judíos y cristianos estadounidenses". [7] Además, el profesor Paul Gottfried -un académico judío estadounidense que se denomina a sí mismo "conservador" pero que se opone enérgicamente a las actividades de los llamados "neoconservadores"- añadió, escribiendo en otro lugar

> Ninguna persona en su sano juicio afirmaría que todos los judíos colaboran con [líderes neoconservadores pro-guerra como] Richard Perle y [William] Kristol. Lo que se observa con razón es una convergencia de intereses en la que los neoconservadores han desempeñado un papel central. Hoy en día, controlan casi todos los grupos de reflexión 'conservadores' [en Washington, D.C.], la cadena de televisión 'conservadora' [Fox News del multimillonario prosionista Rupert Murdoch], *el Wall Street Journal*, el *New York Post* y varias editoriales importantes, así como casi todas las revistas que se declaran conservadoras. [8]

---

[7] Stanley Heller escribió el 20 de febrero de 2003 en el sitio web antiwar.com.

[8] Profesor Paul Gottfried, 20 de marzo de 2003, http://www.lewrockwell.com/gottfried/got-tfried47.html.

Así pues, los comentarios del profesor Gottfried nos presentan dos nombres clave que aparecerán varias veces en estas páginas: Richard Perle y William Kristol. Son quizás los dos neoconservadores más influyentes del "partido de la guerra", en virtud de su posición, influencia y peso financiero. Son los principales responsables, en gran medida, de dar forma a las políticas de la administración Bush que condujeron al actual conflicto en Oriente Medio, con el despliegue de las fuerzas militares estadounidenses contra Irak y la innegablemente desastrosa ocupación que siguió.

Aunque aprenderemos mucho más sobre Perle y Kristol, merece la pena presentar brevemente a estas dos figuras neoconservadoras.

A menudo llamado "el Príncipe de las Tinieblas", Richard Perle (que es judío) ha participado activamente en causas proisraelíes en el Washington oficial desde mediados de la década de 1970, cuando era ayudante del poderoso senador Henry M. Jackson (demócrata de Washington), uno de los principales partidarios de Israel en el Congreso.

Durante este periodo, Perle fue investigado por espiar para Israel. Posteriormente, Perle se convirtió en lobista de los intereses armamentísticos israelíes y acabó siendo nombrado por el presidente Ronald Reagan para un puesto clave en el Departamento de Defensa.

Tras abandonar la administración Reagan, Perle permaneció activo en Washington, DC, involucrado en una amplia variedad de instituciones y organizaciones, dedicando sus energías casi exclusivamente a promover la causa de Israel, y en particular la del partido Likud de Ariel Sharon. Recientemente, Perle ha mantenido una afiliación especial con el think-tank "neoconservador" conocido como American Enterprise Institute.

Sin embargo, cuando George W. Bush llegó a la presidencia, nombró a Perle director del Defense Policy Board, un consejo asesor poco conocido pero influyente. Fue desde este puesto desde donde Perle -utilizando sus múltiples contactos con antiguos asociados nombrados para ocupar altos cargos dentro de la propia administración Bush- comenzó a impulsar activamente la guerra contra Irak.

Aunque Perle dimitió como Presidente de la Junta de Política de Defensa pocos días después de los primeros disparos contra Irak -a raíz de las acusaciones de conflictos de intereses derivados de sus negocios financieros privados que se cruzaban con las políticas oficiales del gobierno en las que tenía un impacto y de las que podía obtener beneficios personales- siguió siendo miembro de la Junta, y sin duda el más influyente, hasta su dimisión formal en marzo de 2004.

Teniendo en cuenta todo lo que sabemos ahora sobre Perle, quizá no sea una coincidencia que, ya en 1986, se informara de que, durante una visita a Gran Bretaña, Perle fue presentado en un debate con Denis Healey, entonces líder del Partido Laborista, como "la persona encargada de la Tercera Guerra Mundial".[9] Algunos detractores de Perle sugirieron más tarde que el hombre que hizo estos comentarios podía estar poseído de habilidades psíquicas, dado el papel crítico que Perle desempeñó realmente en el lanzamiento de la guerra de EEUU contra Irak.

William Kristol (también judío) es igualmente influyente, pero en un ámbito diferente. Hijo de un padre igualmente influyente, Irving Kristol -descrito en su día como el "padrino" del movimiento neoconservador-, el joven Kristol utilizó las conexiones de su padre para asegurarse un puesto como jefe de gabinete del Vicepresidente Dan Quayle, que sirvió bajo el primer Presidente Bush. Pero éste fue sólo el primer paso en el ascenso de Kristol al poder.

---

[9] The Sacramento *Union, 29 de junio de 1986.*

Tras la derrota de Bill Clinton a manos de Bush-Quayle en 1992, el joven Kristol, gracias a sus propios esfuerzos agresivos -por no mencionar la promoción cada vez más favorable que recibió de los principales medios de comunicación-, se convirtió quizá en la voz más conocida de la filosofía "neoconservadora". Ha participado activamente en la construcción de una red de relaciones públicas e información bien financiada y de gran alcance, vinculada a muchas de las fundaciones y think tanks con los que su padre había estado asociado anteriormente.

Además de aceptar el cargo de director del semanario neoconservador nacional de Rupert Murdoch, *The Weekly Standard*, Kristol fundó su propia organización, Project for the New American Century.

Como veremos, las operaciones y actividades de Kristol estaban entrelazadas -de hecho, estaban entrelazadas- con las de Richard Perle. A medida que la presión a favor de la guerra contra Irak se hacía cada vez más belicosa tras la llegada de George W. Bush a la presidencia -y aún más tras los atentados terroristas del 11 de septiembre, que los neoconservadores trataron repetidamente de vincular al líder iraquí Sadam Husein-, Perle y Kristol colaboraron cada vez más estrechamente, fusionando sus propias redes de influencia hasta el punto de que la filosofía neoconservadora se convirtió en la fuerza rectora de todo el aparato de política exterior de Bush.

William Kristol -junto con otro colega cercano, Robert Kagan- fue el principal publicista de la estrategia imperial neoconservadora. Su libro de 2000, *Present Dangers: Crisis and Opportunity in American Foreign and Defense* Policy, era una exposición exhaustiva del punto de vista neoconservador, con ensayos de Perle -por supuesto- y otras "estrellas" neoconservadoras asociadas a Kristol y Perle.

En una reseña del libro, el ex diplomático británico Jonathan Clark comentaba: "Si las recomendaciones del libro se aplicaran todas a la vez, Estados Unidos correría el riesgo de librar unilateralmente al menos una guerra en cinco frentes, al tiempo que incitaría a Israel a abandonar el proceso de paz en favor de una nueva confrontación despiadada con los palestinos".[10]

Irónicamente, como ha señalado Michael Lind, uno de los principales críticos de los neoconservadores: "Resultó ser una predicción de las políticas que el gobierno de George W. Bush adoptaría en los dos años siguientes".[11] Lind señala: "La derecha sionista radical a la que pertenecen [Perle y Kristol] es pequeña, pero se ha convertido en una fuerza significativa en los círculos de elaboración de políticas republicanas".[12] Lind añade que la principal preocupación de muchos miembros de esta red neoconservadora es "el poder y la reputación de Israel".[13] Señala que han emprendido virulentas campañas de relaciones públicas contra cualquiera que se interponga en su camino, incluidos destacados e influyentes líderes militares estadounidenses que han cuestionado las políticas neoconservadoras.

EL VÍNCULO ISRAELÍ

Por tanto, está claro que la orientación proisraelí de los neoconservadores ha sido una de las principales preocupaciones a la hora de formular (y llevar a cabo) las políticas que han intentado aplicar.

Esto plantea la cuestión de hasta qué punto el Estado de Israel (y sus partidarios estadounidenses, en particular dentro de la red

---

[10] Jonathan Clarke. *The National Interest*. Primavera de 2001.

[11] *Michael Lind*. Made in Texas: George W. Bush and the Southern Takeover of American Politics *(Nueva York: Basic Books, 2003), p. 132.*

[12] "Distorsionando la política exterior de EEUU: El lobby israelí y el poder estadounidense". Michael Lind. *Prospect*, abril de 2002.

[13] *Ibid.*

neoconservadora) desempeñaron realmente un papel en el lanzamiento de la guerra contra Irak.

Como hemos visto, el papel de Israel en el asunto de Irak era problemático, ya que implicaba proteger a Israel (y a los judíos estadounidenses) de posibles reacciones negativas de muchos estadounidenses a los que les molestaba la idea de que la política estadounidense pudiera basarse únicamente en los intereses de Israel.

El 27 de noviembre de 2002, *el Washington Post* informó de que un grupo de consultores políticos estadounidenses que habían asesorado anteriormente a políticos israelíes habían sido contratados por el Israel Project -descrito como "un grupo financiado por organizaciones judías estadounidenses y donantes individuales"- para redactar un memorándum dirigido a líderes judíos estadounidenses e israelíes sobre la mejor manera de abordar la controversia desatada en torno a Iraq. El memorándum les aconsejaba: "Si su objetivo es el cambio de régimen, deben ser mucho más cuidadosos en su lenguaje debido a la posible reacción violenta. No querrás que los estadounidenses crean que la guerra contra Irak se libra para proteger a Israel y no para proteger a Estados Unidos".[14] Sin embargo, como señala Michael Lind en su nueva biografía del presidente Bush, la influencia de Israel y de los neoconservadores es innegable:

> Bajo George W. Bush, el ejecutivo estadounidense y el gobierno israelí se han fusionado hasta un punto sin precedentes en la historia de Estados Unidos...
>
> Por extraño que pueda parecer, gracias a la influencia del modelo israelí en los neoconservadores de la administración Bush, Estados Unidos, la primera potencia

---

[14] "Un grupo insta a los líderes proisraelíes a guardar silencio sobre Irak". *Washington Post*, 27 de noviembre de 2002.

mundial, ha empezado a actuar como si fuera un Estado paria internacional inseguro y asediado, al igual que Israel bajo la dirección del partido Likud.[15]

En *Time*, el 17 de febrero de 2003, uno de los neoconservadores estadounidenses más destacados en los medios de comunicación, el columnista Charles Krauthammer, anunció que la guerra propuesta contra Iraq "no se trata sólo de desarmar a Sadam. Se trata de reformar toda una parte del mundo... Lo que Estados Unidos necesita en el mundo árabe no es una estrategia de salida, sino de entrada. Irak es la puerta de entrada... "Krauthammer nombró con franqueza los objetivos de la política bélica neoconservadora: "Irán, Arabia Saudí, Siria y más allá".[16]

De hecho, las pruebas publicadas indican que el gobierno israelí sí quería que EE.UU. atacara Irak, como primer paso de una acción posterior contra otros supuestos enemigos del Estado de Israel. El 18 de febrero de 2003, el periódico israelí *Ha'aretz* informó de que el primer ministro israelí Ariel Sharon estaba pidiendo a Estados Unidos que atacara Irán, Libia y Siria después de lo que se suponía que sería la destrucción con éxito de Irak por parte de Estados Unidos, una opinión no muy diferente de la expresada por Krauthammer, mencionada anteriormente.

Sharon declaró: "Se trata de Estados irresponsables que deben ser desarmados de armas de destrucción masiva, y el éxito de la acción norteamericana en Irak, que servirá de modelo, facilitará la consecución de este objetivo". El Primer Ministro israelí dijo a

---

[15] *Michael Lind.* Made in Texas: George W. Bush and the Southern Takeover of American Politics *(Nueva York: Basic Books, 2003), pp. 140-141.*

[16] *Time,* 17 de febrero de 2003.

una delegación visitante de congresistas estadounidenses en que "la acción norteamericana [contra Iraq] es de vital importancia".[17]

El periódico israelí también informó de que, en reuniones con Sharon y otros funcionarios israelíes, el subsecretario de Estado de EEUU, John Bolton -uno de los principales "neoconservadores" de la administración Bush que había alentado la guerra contra Irak- había dicho, en palabras del periódico israelí, que Bolton creía que, después de ocuparse de Irak, "sería necesario ocuparse a continuación de las amenazas de Siria, Irán y Corea del Norte".[18]

Además, el 27 de febrero de 2003, *el New York Times* informó libremente de que Israel no sólo abogaba por una guerra de Estados Unidos contra Irak, sino que también creía que, en última instancia, la guerra debía extenderse a otras naciones percibidas como amenazas para Israel. El *Times* afirmaba:

> Muchos israelíes están tan convencidos de la conveniencia de una guerra contra Irak que los funcionarios ya están pensando en la posguerra y abogan por un papel asertivo continuado de Estados Unidos en Oriente Medio. La semana pasada, el Secretario de Defensa Shaul Mofaz dijo a los miembros de la Conferencia de Presidentes de las Principales Organizaciones Judías Estadounidenses que, después de Irak, Estados Unidos debería ejercer "presión política, económica y diplomática" sobre Irán. Tenemos un gran interés en dar forma a Oriente Medio inmediatamente después de la guerra", afirmó. Israel considera que Irán y Siria son amenazas mayores y espera que, una vez que

---

[17] *Ha'aretz*, 18 de febrero de 2003.

[18] *Ibid.*

Sadam Husein haya desaparecido, empiecen a caer las fichas del dominó.[19]

Y aunque algunos judíos estadounidenses, actuando independientemente de las principales organizaciones de la comunidad judía, se opusieron a la guerra contra Iraq, no cabe duda de que organizaciones judías estadounidenses de élite, estrechamente vinculadas a la inteligencia israelí y al gobierno de Israel, apoyaron firmemente la campaña en favor de la guerra. Estas organizaciones actuaron como organizaciones judías, afirmando representar a todos los judíos estadounidenses, cuando en realidad no era así.

Tras el estallido de la guerra, la Liga Antidifamación (ADL) de B'nai B'rith -descrita por sus críticos como un brazo propagandístico del servicio clandestino israelí, el Mossad- emitió una declaración. En ella se afirma: "Expresamos nuestro apoyo al gobierno de Estados Unidos: "Expresamos nuestro apoyo al gobierno de Estados Unidos en sus esfuerzos por detener al presidente iraquí Sadam Husein y el peligro que representa para la estabilidad y la seguridad de la región. La necesidad de detener a Saddam Hussein es evidente".[20]

LA CRÍTICA EN AMÉRICA

Sin embargo, mientras los dirigentes israelíes y sus aliados neoconservadores llamaban a la guerra, muchos estadounidenses de todas las razas, credos y colores se levantaron y declararon su oposición.

---

[19] James Bennett en el *New York Times*, 27 de febrero de 2003.

[20] Véase el sitio web de la ADL en adl.org. Declaración publicada el 21 de marzo de 2003.

En los meses de debate que precedieron al ataque estadounidense contra Irak, el congresista Dennis Kucinich (demócrata de Ohio) se erigió en el opositor más franco y elocuente al plan bélico. Presentó numerosos argumentos contra la guerra, juzgándola totalmente infundada y contraria a toda la política tradicional estadounidense:

> La acción militar unilateral de Estados Unidos contra Irak es injustificada, injustificable e ilegal...

> Una acción unilateral por parte de Estados Unidos, o en asociación con Gran Bretaña, comprometería por primera vez a nuestra nación en el sangriento camino de la guerra agresiva, un sacrilegio a la memoria de aquellos que lucharon para defender este país. Socavaría la autoridad moral de Estados Unidos en todo el mundo. Desestabilizaría toda la región del Golfo Pérsico y Oriente Medio...

> Las políticas de agresión son indignas de cualquier nación de tradición democrática, por no hablar de una nación de personas amantes de la libertad cuyos hijos e hijas se sacrifican para mantener esa democracia.

> La cuestión no es si Estados Unidos tiene o no el poder militar para destruir a Sadam Husein y a Irak. La cuestión es si estamos destruyendo algo esencial en esa nación al decir que Estados Unidos tiene derecho a hacerlo cuando quiera.

> Estados Unidos no puede ni debe ser el policía del mundo. Estados Unidos no puede ni debe intentar elegir a los líderes de otras naciones. Tampoco debe ponerse a Estados Unidos y al pueblo estadounidense al servicio de los intereses petroleros internacionales y de los traficantes de armas...

> Si Estados Unidos aplica una política de primer ataque, habremos asumido la carga histórica de cometer una violación del derecho internacional, y estaremos

abandonando cualquier posición moral que pudiéramos esperar mantener.[21]

Sorprendentemente, incluso después de que comenzara la guerra, Kucinich se negó a dejarse acobardar para apoyar la guerra con el pretexto de "apoyar a las tropas", un eslogan popular que siempre se ha utilizado para convencer a los estadounidenses de que apoyen una guerra impopular después de que las tropas estadounidenses se hayan comprometido formalmente a entrar en acción.

Sin inmutarse ante las acusaciones de "falta de patriotismo", etc:

> Apoyo a las tropas. Pero esta guerra es ilegal y equivocada. No apoyo esta misión. No votaré para financiar la guerra de esta administración en Irak. Esta guerra está matando a nuestras tropas. Esta guerra está matando a civiles iraquíes inocentes. Esta guerra debe terminar ahora. Era injusta cuando empezó hace quince días y sigue siéndolo hoy. Estados Unidos debe retirarse ya e intentar salvar las vidas de las tropas estadounidenses y de los ciudadanos iraquíes. Detener la guerra y reanudar las inspecciones de armas podría salvar la opinión mundial sobre Estados Unidos. La mayor amenaza para Estados Unidos en la actualidad es el terrorismo, que esta guerra engendrará.[22]

Kucinich no fue el único funcionario estadounidense que adoptó una postura pública audaz contra la guerra, pero sin duda fue uno de los más francos.

---

[21] "El camino manchado de sangre", Dennis Kucinich. *The Progressive*, noviembre de 2002.

[22] La declaración del congresista Kucinich puede consultarse en la siguiente dirección: http://www.kucinich.us/

Cuando las tropas estadounidenses iniciaron su asalto a la república árabe, el senador Robert Byrd de Virginia Occidental, el miembro más antiguo del Senado estadounidense y antiguo líder de los demócratas del Senado, pronunció un mordaz discurso en el pleno del Senado, declarando que la guerra era totalmente contraria a la política tradicional estadounidense. Dijo

> Hoy lloro por mi país. He seguido los acontecimientos de los últimos meses con el corazón encogido. La imagen de Estados Unidos ya no es la de un fuerte y benévolo guardián de la paz.
>
> Proclamamos una nueva doctrina de tanteo comprendida por pocos y temida por muchos. Afirmamos que Estados Unidos tiene derecho a dirigir su potencia de fuego hacia cualquier rincón del planeta que pueda resultar sospechoso en la guerra contra el terror. Afirmamos este derecho sin la sanción de ningún organismo internacional. Como resultado, el mundo se ha convertido en un lugar mucho más peligroso. Alardeamos arrogantemente de nuestra condición de superpotencia.
>
> ¿Cuándo nos convertimos en una nación que ignora y reprende a sus amigos? ¿Cuándo decidimos arriesgarnos a socavar el orden internacional adoptando un enfoque radical y doctrinario en el uso de nuestro impresionante poder militar? ¿Cómo podemos abandonar los esfuerzos diplomáticos cuando la agitación del mundo exige diplomacia?[23]

Está claro que, aunque los neoconservadores apenas reflejaban el pensamiento de muchos estadounidenses de todas las tendencias

---

[23] *Actas del Congreso*. Asuntos del Senado. 19 de marzo de 2003.

políticas, sí reflejaban una filosofía particular, sin duda vinculada a la agenda imperial del Partido Likud israelí de línea dura.

Teniendo esto en cuenta, merece la pena empezar a examinar la naturaleza de la red neoconservadora que reina en el Washington oficial bajo la administración de George W. Bush.

LA RED NEOCONSERVADORA

El 13 de diciembre de 2002, la revista *Counterpunch*, dirigida por el periodista irlandés-estadounidense Alexander Cockburn, publicó un artículo en el que se planteaba la cuestión de la "doble lealtad" de la administración Bush y se ofrecía una fascinante visión de la red neoconservadora que acabó llevando a Estados Unidos a la guerra. Los autores del artículo son Bill y Kathleen Christison, una pareja de antiguos analistas de la Agencia Central de Inteligencia estadounidense. Citan las simpatías israelíes de los principales responsables neoconservadores de la administración Bush, señalando que estos neoconservadores estaban de hecho estrechamente alineados con la ideología del bloque Likud en Israel. Su resumen del "reparto de personajes" entre los neoconservadores es preciso y digno de mención

> El subsecretario de Defensa, Paul Wolfowitz, encabeza el grupo. Fue protegido de Richard Perle, que dirige el eminente órgano consultivo del Pentágono, el Consejo de Política de Defensa. Muchos de los neoconservadores actuales, incluido Perle, son los descendientes intelectuales del difunto senador Henry "Scoop" Jackson, firme partidario de la defensa y uno de los más firmes defensores de Israel en el Congreso en la década de 1970.

> Wolfowitz fue a su vez mentor de Lewis "Scooter" Libby, actual jefe de gabinete del vicepresidente Cheney, que fue alumno de Wolfowitz y luego su subordinado en la década de 1980, tanto en el Departamento de Estado como en el de Defensa.

Otro de los protegidos de Perle es Douglas Feith, actual Subsecretario de Defensa para Política, el número tres del Ministerio, y que ha trabajado estrechamente con Perle, tanto como lobista para Turquía como coautor de documentos de estrategia para gobiernos israelíes de derechas.

Los vicesecretarios Peter Rodman y Dov Zakheim, veteranos de la administración Reagan cuando los neoconservadores florecieron por primera vez, completan las filas del subgabinete de Defensa. En los escalones inferiores, los jefes de los departamentos de Israel y Siria/Líbano en Defensa proceden del Washington Institute for Near East Policy (Instituto de Washington para la Política de Oriente Próximo), un grupo de reflexión surgido de la organización de presión pro-israelí AIPAC.

Los neoconservadores no han avanzado mucho en el Departamento de Estado, con la excepción de John Bolton, un halcón del American Enterprise Institute y partidario de Israel que, según se dice, fue endilgado a un reticente Colin Powell como Subsecretario de Control de Armamentos. El ayudante especial de Bolton es David Wurmser, que escribió y/o co-escribió con Perle y Feith al menos dos documentos de estrategia para el Primer Ministro israelí Netanyahu en 1996.

La esposa de Wurmser, Meyrav Wurmser, es cofundadora del sitio web MEMRI (Middle East Media Research Institute), dirigido por militares y oficiales de inteligencia israelíes retirados y especializado en la traducción y amplia difusión de medios de comunicación árabes y declaraciones de dirigentes árabes. Una reciente investigación del diario londinense The Guardian reveló que las traducciones de MEMRI están distorsionadas porque son muy selectivas. Aunque inevitablemente traduce y difunde las declaraciones árabes más extremistas, ignora los comentarios árabes moderados y las declaraciones hebreas extremistas.

En el despacho del vicepresidente, Cheney creó su propio equipo de seguridad nacional, dirigido por ayudantes conocidos por ser muy proisraelíes. El director adjunto de este equipo, John Hannah, es un antiguo miembro del Washington Institute, de orientación israelí.

Dentro del Consejo de Seguridad Nacional, el nuevo director de asuntos de Oriente Medio es Elliott Abrams, que saltó a la fama tras declararse culpable de ocultar información al Congreso en el escándalo Irán-Contra (y que fue indultado por el presidente Bush padre) y que lleva mucho tiempo defendiendo las posiciones de la derecha israelí. Colocarle en un puesto clave en la elaboración de políticas sobre el conflicto palestino-israelí es como confiar el gallinero a un zorro.

Probablemente la organización más importante, por su influencia en la formulación de la política de la Administración Bush, sea el Instituto Judío para Asuntos de Seguridad Nacional (JINSA). Creado tras la guerra árabe-israelí de 1973 con el objetivo específico de llamar la atención de los responsables políticos estadounidenses sobre los problemas de seguridad de Israel y centrarse también en las grandes cuestiones de defensa, el Instituto Judío para Asuntos de Seguridad Nacional (JINSA), que es una organización de extrema derecha belicosa, siempre ha contado con un poderoso consejo de administración capaz de colocar a sus miembros en el seno de las administraciones conservadoras estadounidenses. Cheney, Bolton y Feith fueron miembros hasta que se incorporaron a la administración Bush. Varios funcionarios de bajo nivel de la JINSA trabajan ahora en el Ministerio de Defensa.

El propio Wolfowitz se ha mostrado circunspecto en público, escribiendo principalmente sobre cuestiones estratégicas más amplias que sobre Israel en particular o incluso sobre Oriente Próximo, pero está claro que en el fondo Israel es uno de sus principales intereses y puede ser la razón principal de su casi obsesión por el esfuerzo, que está encabezando, de deshacerse de Sadam Husein, rehacer el gobierno iraquí a imagen y semejanza de Estados Unidos y luego redibujar el mapa de Oriente Próximo consiguiendo los mismos objetivos en Siria, Irán y quizá otros países.

Pero su interés por Israel siempre vuelve. Incluso los perfiles que restan importancia a su apego a Israel mencionan siempre la influencia del Holocausto, en el que perecieron varios miembros de su familia, en su forma de pensar. Una fuente de la administración lo describió francamente como "completamente loco cuando se trata de Israel". Aunque esto probablemente describa con exactitud a la mayoría del resto de la camarilla neocon, y Wolfowitz es culpable al menos por asociación, en realidad es más complejo y matizado que eso.[24]

[25]Los Christison señalaron que un perfil de Wolfowitz *en el New York Times Magazine,* escrito por Bill Keller, cita a críticos que afirman que "Israel ejerce una poderosa atracción gravitatoria sobre el hombre" y señala que de adolescente Wolfowitz vivió en Israel durante el semestre sabático que su padre, matemático, pasó allí. Además, su hermana está casada con un israelí.

Keller reconoce incluso, con cierta reticencia, la exactitud de una caracterización de Wolfowitz como "Israel-céntrico". Sin embargo, los Christison señalan que "Keller hace considerables contorsiones para evitar lo que él llama 'la ofensiva sugerencia de

---

[24] Bill y Kathleen Christison, artículo publicado en la revista *Counterpunch* en counterpunch.org, 13 de diciembre de 2002.

[25] Citado por Christison, *Ibid.*

doble lealtad' y, al hacerlo, se pregunta si está protestando demasiado".[26]

Los hechos sobre la camarilla neoconservadora que rige las políticas de la administración Bush son, por tanto, muy claros. Sin embargo, la mayoría de los principales medios de comunicación estadounidenses se mostraron al principio reacios a poner de relieve las notables conexiones y las antiguas asociaciones de esta camarilla de poderosos políticos afines. Los medios estadounidenses independientes -como *American Free Press*, con sede en Washington, entre los más destacados- que se han atrevido a mencionar el destacado papel de los "neoconservadores" han sido atacados a menudo como "teóricos de la conspiración" e incluso como "antisemitas", entre otros muchos términos similares utilizados a menudo para enturbiar las aguas y desviar así la atención de las intrigas de Israel y su lobby estadounidense.

LA VERDAD EMERGE EN LOS MEDIOS DE COMUNICACIÓN ESTADOUNIDENSES

Sin embargo, una vez que la guerra contra Irak, orquestada por los "neoconservadores" y planeada desde hacía tiempo, se había puesto en marcha con seguridad, un artículo de portada en el número del 21 de marzo de 2003 del *Wall Street Journal*, favorable a la guerra, admitía la verdad. El titular era contundente: "El sueño de un nuevo presidente para Oriente Medio: cambiar no sólo el régimen sino la región". Una zona democrática proamericana es un objetivo con raíces israelíes y neoconservadoras". El artículo comienza con una afirmación franca: "Mientras envía tropas y aviones estadounidenses a Irak, el presidente Bush no sólo piensa en cambiar un país. Su sueño es

---

[26] *Ibid.*

hacer de todo Oriente Medio un lugar diferente y más seguro para los intereses estadounidenses."[27]

A continuación, el artículo describe el poder de la red neoconservadora favorable a la guerra que rodea a Richard Perle y a su colaborador, William Kristol. El artículo resume los acontecimientos que condujeron a la decisión del Presidente Bush de ir a la guerra contra Irak y el papel de los neoconservadores en este proceso.

Tres días después, el 24 de marzo de 2003, el *New York Times* publicó un artículo similar, en el que afirmaba que la doctrina de la guerra preventiva defendida por los neoconservadores tenía sus raíces a principios de los años noventa.

(Sin embargo, como veremos, la agenda neoconservadora general se remonta mucho más atrás). El artículo *del Times* cita a un funcionario anónimo de la administración diciendo sobre la guerra de Irak: "Esto es sólo el principio": "Esto es sólo el principio".[28]

EX COMUNISTAS CONVERTIDOS EN NEOCONSERVADORES

Para comprender la orientación política de los "neoconservadores" y su agenda, es esencial reconocer no sólo el importante papel que desempeña hoy el mencionado William Kristol, sino también el de su padre y su madre y sus asociados, que son fundamentales en la historia del desarrollo del bloque de poder neoconservador en Estados Unidos.

---

[27] *Wall Street Journal*, 21 de marzo de 2003.

[28] *New York Times*, 24 de marzo de 2003.

Aunque en la actualidad Kristol es quizá la voz neoconservadora más conocida en los medios de comunicación, es mucho más que eso. No sólo es el principal estratega de relaciones públicas de los neoconservadores -algunos dirían "propagandista"-, sino también el vástago de un poderoso equipo de escritores judíos estadounidenses -descritos ellos mismos como "ex trotskistas"- formado por Irving Kristol y Gertrude Himmelfarb. El mayor de los Kristol -junto con un puñado de otros pensadores afines- es considerado generalmente como la principal fuerza fundadora del movimiento neoconservador.

[29][30][31] Según el semanario judío estadounidense *Forward*, el pequeño grupo de "intelectuales neoyorquinos", en su mayoría judíos, que operaban dentro de la esfera de influencia de Kristol, eran "conocidos por los iniciados como 'La Familia'" - una designación que, para quienes estén familiarizados con las intrigas de la Guerra Fría, quizá sugiera un vínculo críptico, casi sectario, o incluso una "célula" comunista clásica.

De hecho, Kristol y "La Familia" están vinculados a la Guerra Fría, ya que entre los años 1930 y 1950 fueron seguidores de León Trotsky, el revolucionario bolchevique, y fervientes críticos del acérrimo rival de Trotsky, Josef Stalin, que asumió el liderazgo de la Unión Soviética tras obligar a Trotsky a exiliarse. Sin embargo, con el paso de los años, empezando a finales de la década de 1950 y especialmente en la de 1960, se dice que su filosofía política empezó a "evolucionar". Sin embargo, algunos argumentarían que los ex trotskistas son cualquier cosa menos "ex", que siguen siendo trotskistas probados y verdaderos que han

---

[29] *Ibid.*

[30] *Forward*, 21 de marzo de 2003.

[31] *Ibid.*

adaptado su filosofía tradicional a las preocupaciones, acontecimientos y realidades políticas actuales.

Michael Lind, autor de una nueva biografía del presidente George W. Bush, ha rastreado los orígenes del núcleo unido en torno a Kristol en aquellos días y en los años siguientes, y explica su cambio de opinión

> Los neoconservadores no eran republicanos conservadores tradicionales. La mayoría de ellos habían sido demócratas liberales o de izquierdas; algunos habían sido originalmente marxistas. Muchos eran judíos y habían roto con la izquierda demócrata debido a la hostilidad de ésta hacia la ocupación israelí de tierras árabes después de 1967 y a la hostilidad de muchos activistas del Black Power hacia los judíos estadounidenses e Israel. Ronald Reagan fue el primer presidente republicano por el que votaron muchos neoconservadores.

> Mientras que la política exterior del establishment republicano tradicional reflejaba el temor de la élite económica al desorden internacional, la estrategia neoconservadora reflejaba el fervor ideológico de antiguos liberales wilsonianos [en referencia al ex presidente estadounidense Woodrow Wilson, partidario del intervencionismo estadounidense en el extranjero] y antiguos revolucionarios marxistas, combinado, en el caso de muchos neoconservadores judíos, con un compromiso étnico emocional con el bienestar de Israel.[32]

---

[32] *Michael Lind.* Made in Texas: George W. Bush and the Southern Takeover of American Politics *(Nueva York: Basic Books, 2003), p. 138.*

ISRAEL Y LOS NEOCONSERVADORES

El académico judío estadounidense Benjamin Ginsberg ha descrito el papel central de la seguridad de Israel en el pensamiento de los neoconservadores y en sus actividades políticas en el último cuarto del siglo XX

> Los intelectuales neoconservadores judíos desempeñaron un papel clave en las décadas de 1970 y 1980 para justificar el aumento del gasto en defensa y vincular la ayuda militar estadounidense a Israel con el esfuerzo más amplio de Estados Unidos para contener a la Unión Soviética.
>
> Israel fue presentado como un "activo estratégico" estadounidense susceptible de desempeñar un papel importante en la contención de la expansión soviética en Oriente Medio.
>
> Varios neoconservadores judíos empezaron a abogar por aumentar el gasto en defensa y reforzar las capacidades defensivas de Estados Unidos ante lo que consideraban una amenaza creciente de expansionismo soviético.[33]

En 1986, el famoso novelista estadounidense Gore Vidal formuló una valoración similar, aunque menos amistosa, de los neoconservadores.

En respuesta a las acusaciones de que él (Vidal) era "antisemita" por sus críticas al inusual grado de apego de los "neoconservadores" judíos estadounidenses a Israel -más que a Estados Unidos-, Vidal describió a los neoconservadores como "amantes del imperio" y afirmó que había una razón por la que

---

[33] Benjamin Ginsberg. *The Fatal Embrace: Jews and The State* (Chicago: University of Chicago Press), 1993, pp. 204-205.

estos ex trotskistas estaban ahora tan enamorados del poderío militar estadounidense:

> Para conseguir dinero del Tesoro [estadounidense] para Israel (3.000 millones de dólares el año pasado), los grupos de presión pro-Israel necesitan asegurarse de que los escuadrones estadounidenses de "que vienen los rusos" están en su sitio para poder seguir asustando al pueblo estadounidense para que gaste enormes sumas en "defensa", lo que también significa apoyar a Israel en sus interminables guerras contra casi todo el mundo. Para garantizar que casi un tercio del presupuesto federal se destina al Pentágono y a Israel, es necesario que los grupos de presión pro-Israel hagan causa común con nuestra derecha lunática. [34]

En aquel momento, sin embargo, Vidal no tenía ni idea del poder que acabarían adquiriendo los neoconservadores. Pero Vidal sigue siendo un crítico abierto del imperialismo estadounidense e israelí, y uno de los novelistas en lengua inglesa más queridos del mundo en la actualidad.

Independientemente de su reconocimiento en los círculos "intelectuales", los elementos "neoconservadores" eran prácticamente desconocidos (y siguen siéndolo) para el gran público estadounidense. De hecho, fue probablemente en el número del 7 de noviembre de 1977 de *Newsweek*, publicado por la misma empresa que el *Washington Post, cuando el* término "neoconservador" se presentó por primera vez a un amplio público estadounidense.

En 1979, el escritor Peter Steinfels publicó el primer libro exhaustivo sobre los "neoconservadores". Titulado *The Neo-Conservatives: The Men Who Are Changing America's Politics*, el libro describía el neoconservadurismo como "una perspectiva

---

[34] *The Nation*, 22 de marzo de 1986.

política distinta y poderosa [que había] surgido recientemente en Estados Unidos".[35]

[36]El autor elogió a Irving Kristol, padre de William Kristol, como "el abanderado del neoconservadurismo" y se centró en gran medida en Kristol y sus compañeros intelectuales que dieron forma al punto de vista neoconservador.

El libro presenta el neoconservadurismo como una filosofía de reciente desarrollo y se centra sobre todo en sus perspectivas de política interior. Sorprendentemente, muy poco del libro está dedicado a la agenda de política exterior de los neoconservadores, a pesar del hecho de que los neoconservadores estaban, desde el principio, fuertemente centrados en la política exterior. Sin embargo, Steinfels señaló que los neoconservadores eran, como es natural, ex trotskistas hostiles a la Unión Soviética de Josef Stalin y a su legado.

Sin embargo, el autor señala que circulan muchos rumores en torno a Kristol, incluida la acusación de que, ya en la década de 1950, Kristol recibió subvenciones de la Agencia Central de Inteligencia de Estados Unidos (CIA).

LA CIA Y LOS NEOCONSERVADORES

De hecho, como revela un libro mucho más reciente, *The Cultural Cold War: The CIA and the World of Arts and Letters*, de Frances Stonor Saunders, los círculos en los que Kristol desempeñó un papel clave -en torno a un grupo conocido como el Congreso para la Libertad Cultural (que existió de 1950 a 1967) y el Comité Americano para la Libertad Cultural (que existió de 1950 a 1957)-

---

[35] The Neocons: The Men Who Are Changing America's Politics *(Nueva York: Simon* & Schuster, 1979), p. 1.

[36] Ibid, p. 81.

estaban efectivamente financiados por la CIA. El autor llevó a cabo una exhaustiva investigación sobre las actividades de Kristol y sus asociados y confirmó que Kristol debía gran parte de su fama y publicidad al apoyo de los servicios de inteligencia estadounidenses.[37]

Según un estudio de 1986 de Sidney Blumenthal, periodista judío estadounidense del *Washington Post* que más tarde se convirtió en uno de los principales asesores del presidente Bill Clinton, Irving Kristol era considerado el "padrino" del movimiento neoconservador, a quien otros acudían en busca de trabajo y financiación. Kristol "podía conseguir ofertas de institutos y fundaciones [tan lucrativas] que ningún conservador podía rechazar".

Se dice que uno de los protegidos de Kristol, Jude Wanniski -que desde entonces ha roto en gran medida con los "neoconservadores"- describió a Kristol como "la mano invisible" detrás del movimiento neoconservador.[38] Blumenthal señaló que el poder de Kristol era tal que podía compararse a "un circuito de influencia que parpadea como un árbol de Navidad cuando se enchufa". [39] De hecho, a través de sus revistas *The National Interest* y *The Public Interest,* Kristol ha extendido su influencia no sólo a las filas del partido republicano, sino a la opinión pública en su conjunto.

Tomando nota de los orígenes trotskistas de los "neoconservadores", Sidney Blumenthal evaluó la naturaleza de

---

[37] Frances Stonor Saunders. *La guerra fría cultural.* (Nueva York: The New Press, 1999).

[38] *Sidney Blumenthal.* The Rise of the Counter-Establishment: From Conservative Ideology to Political Power *(Nueva York: Times Books, 1986), p. 148.*

[39] Ibid, p. 159.

la migración de los "neoconservadores" al partido republicano -algunos dirían la "invasión del partido republicano"- declarando: "Los neoconservadores son los trotskistas del reaganismo, y Kristol es un trotskista convertido en derechista": "Los neoconservadores son los trotskistas del reaganismo, y Kristol es un trotskista convertido en derechista".[40]

Dicho todo esto para que conste, lo cierto es que hoy, William Kristol -hijo del "padrino" neoconservador Irving Kristol-continúa el legado familiar, que se remonta a las luchas filosóficas intestinas de la época bolchevique y la consiguiente Guerra Fría entre Estados Unidos y la Unión Soviética. El joven Kristol es, sin duda, uno de los creadores de opinión más poderosos del planeta en la actualidad.

LA CONEXIÓN MURDOCH

Actuando como un autoproclamado "líder conservador", Kristol, que, como hemos señalado, es editor y redactor jefe de la revista *Weekly* Standard del multimillonario Rupert Murdoch, ha pedido sistemáticamente la intervención de Estados Unidos en el extranjero, en particular como medio de promover los intereses del Estado de Israel, una posición en consonancia con las conocidas simpatías de Murdoch por el bloque de línea dura del Likud en Israel. (El propio Murdoch es en parte de ascendencia judía, por parte de su madre, aunque este detalle ha sido a menudo pasado por alto, incluso en los relatos de la "corriente dominante" que citan el encaprichamiento de Murdoch con la causa sionista).

A lo largo de los años, varios críticos han argumentado que el patrocinador de Kristol, Murdoch, es esencialmente un representante mediático de larga data -un "testaferro" muy bien pagado- de las fuerzas combinadas de las familias Rothschild, Bronfman y Oppenheimer que, junto con Murdoch, han sido

---

[40] Sidney Blumenthal, p. 154.

denominadas por los críticos desde principios de la década de 1980 como "la banda de los cuatro multimillonarios".

Esta camarilla de multimillonarios está vinculada no sólo por una asociación mutua en asuntos financieros internacionales, sino también por su herencia judía y su dedicación a promover los intereses del Estado de Israel. También están ampliando su control e influencia sobre los medios de comunicación estadounidenses, siendo quizá las operaciones de Murdoch las más públicas.

LOS HOMBRES DE KRISTOL EN LA CASA BLANCA DE BUSH

De hecho, los tentáculos personales de Kristol dentro de la administración Bush son inmensos. El 19 de marzo de 2002, *el Washington Post* describió los extensos e íntimos vínculos de Kristol con personas clave de la Casa Blanca. Señalando que un tal Joseph Shattan había sido contratado como redactor de discursos para el Presidente, el *Post* añadía, pertinentemente

> Shattan, que trabajó para Kristol cuando éste era jefe de gabinete del Vicepresidente Dan Quayle, se unirá al redactor de discursos de Bush Matthew Scully y al redactor de discursos de Cheney John McConnell, ambos a las órdenes de Kristol en el equipo de Quayle. Otro redactor de discursos de Bush, Peter Wehner, trabajó para Kristol cuando era jefe de gabinete del entonces Secretario de Educación William Bennett [a su vez protegido del padre de Kristol, Irving Kristol], mientras que el redactor de discursos del Consejo de Seguridad Nacional Matthew Rees trabajó para Kristol en el *Weekly Standard*.[41]

---

[41] *The Washington Post*, 19 de marzo de 2002.

De hecho, muchas de las personas que redactan los discursos oficiales y las declaraciones públicas no sólo del Presidente y el Vicepresidente, sino también de otros funcionarios clave en política exterior, deben su patrocinio a Kristol. Sin embargo, el *Post* señala que la influencia de Kristol va más allá. Otros miembros de la administración Bush también deben su lealtad a Kristol

> El secretario de Energía, Spencer Abraham, ha sido un acólito de Kristol desde los tiempos de Quayle, mientras que el jefe de la política antidroga, John Walters, trabajó bajo las órdenes de Kristol en el Departamento de Educación. Jay Lefkowitz, el nuevo director del Consejo de Política Interior de Bush, fue abogado de Kristol. Otros amigos de Kristol son el director del Consejo de Seguridad Nacional, Elliott Abrams, el jefe de personal de Cheney, I. Lewis "Scooter" Libby, el subsecretario de Defensa, Paul Wolfowitz, el subsecretario de Estado, John Bolton, y Leon Kass, jefe del panel de bioética de Bush. Los tentáculos se extienden hasta [el entorno personal de Bush]: Al Hubbard, amigo íntimo de Bush, fue adjunto de Kristol en el equipo de Quayle.[42]

Lo que hace que todo esto sea especialmente notable es que el propio Kristol apoyó al oponente de Bush en las primarias republicanas, el senador por Arizona John McCain, ferviente partidario de Israel, durante la campaña presidencial de 2000.

Así que es justo decir que Kristol, que al principio quizá era un poco un "outsider" en los círculos de Bush, se ha convertido en un "insider", con una influencia increíble e inigualable.

Uno de los críticos de Kristol señaló la promoción masiva que recibía en los medios de comunicación estadounidenses. Ya en

---

[42] *Ibid.*

1996, dijo que Kristol era "con mucho, el ciudadano privado más citado en los medios de comunicación [y por tanto] el estratega más importante del Partido Republicano".[43]

Esencialmente, esto significa que cuando los principales medios de comunicación estadounidenses quieren promover una idea o punto de vista concreto, los periodistas de la prensa escrita y audiovisual recurren a Kristol por su perspectiva "neoconservadora", a menudo excluyendo a personas más conocidas, respetadas y mejor informadas. Algunos sostienen que no es una coincidencia, dado lo que se percibe como un fuerte sesgo pro-israelí por parte de los principales medios de comunicación.

En William Kristol, que actúa como un elocuente y enérgico funcionario de los medios de comunicación, las fuerzas "neoconservadoras" de la administración Bush han ganado un poderoso aliado que, a su vez, cuenta con recursos extremadamente lucrativos e influyentes conexiones internacionales que le respaldan.

Así, tras los atentados terroristas del 11 de septiembre, mientras la administración Bush se preparaba para responder al ataque contra Estados Unidos, Kristol y sus fuerzas neoconservadoras empezaron a unirse en torno a la idea de ampliar la respuesta estadounidense contra el principal sospechoso, el líder fundamentalista islámico Osama bin Laden, a un ataque total contra el mundo árabe y musulmán.

Al principio, el Secretario de Estado Colin Powell parecía ser la única figura conocida de la administración Bush que se oponía a una política imperial estadounidense basada en una guerra contra Irak.

---

[43] Eric Alterman. *The Nation*, 23 de diciembre de 1986.

Junto con el Estado Mayor Conjunto, que abogaba por un enfoque prudente de la crisis, Powell se enfrentó dentro de la administración Bush a un grupo muy unido de belicistas acérrimos que pretendían ignorar la política declarada de la administración y estaban decididos a subvertirla para sus propios fines.

Mientras que el vicesecretario de Defensa Paul Wolfowitz era el principal interlocutor del lobby israelí dentro de la administración Bush, presionando a favor de un ataque total contra Estados árabes clave como Irak y Siria -por no hablar de la República Islámica de Irán-, sus esfuerzos contaban con el hábil apoyo de William Kristol y su red política y propagandística "neoconservadora".

KISSINGER Y KRISTOL

En su edición del 24 de septiembre de 2001, la *American Free Press*, con sede en Washington, resumió brevemente los antecedentes de Kristol, señalando que es miembro del secreto grupo Bilderberg, financiado conjuntamente por los imperios financieros Rockefeller y Rothschild. Kristol también es miembro del Consejo de Relaciones Exteriores, que podría ser el grupo de élite estadounidense para la elaboración de políticas, es decir, la rama estadounidense del Real Instituto de Asuntos Internacionales de Londres, financiado por los Rothschild.

Una investigación de *American Free Press* ha desvelado más detalles sobre los numerosos contactos de la familia Kristol. Con el ex secretario de Estado Henry Kissinger en su consejo de administración, los Kristol dirigen una empresa conocida como National Affairs, Inc. que publica dos libros, *The National Interest* y *The Public Interest*.

Gran parte de la financiación de su empresa procede de la Fundación Lynde y Harry Bradley, con la que el joven Kristol estuvo asociado anteriormente. De hecho, esta fundación -como veremos más adelante- es conocida por su generosa financiación de causas de propaganda antiárabe y antiislámica.

Mientras que, como hemos visto, Irving Kristol ha sido durante mucho tiempo una pieza clave del influyente "neoconservador" American Enterprise Institute, su hijo William Kristol ha mantenido al menos otros dos importantes organismos de relaciones públicas:

1) Empower America, cofundada por Kristol con dos antiguos miembros del Congreso, Jack Kemp (republicano de Nueva York) y Vin Weber (republicano de Minnesota), y el antiguo Secretario de Educación William Bennett -tres no judíos, por cierto-, todos ellos conocidos por su devoción entusiasta, vocal y a menudo abierta a la causa proisraelí; y

2) La empresa más reciente de Kristol, el Proyecto para el Nuevo Siglo Americano, un grupo de presión internacionalista que aboga por el ejercicio del poder militar estadounidense en el extranjero, especialmente en medidas destinadas a promover los intereses de Israel.

Apenas una semana después del ataque terrorista del 11 de septiembre contra Estados Unidos -en relación con la campaña del vicesecretario de Defensa neoconservador Paul Wolfowitz dentro de la administración Bush para ampliar la guerra contra el terror a los esfuerzos por aplastar a los Estados árabes e islámicos percibidos por Israel como sus enemigos- William Kristol lanzó un llamamiento firmado por un gran número de personalidades de la política exterior, haciéndose eco de Wolfowitz.

A su vez, estas personalidades utilizaron sus contactos en círculos académicos, mediáticos y políticos para presionar a la administración Bush para que adoptara las medidas solicitadas por Wolfowitz.

LA MARAÑA DE RICHARD PERLE

Entre los colaboradores de Kristol que firmaron la carta, el más influyente es el omnipresente Richard Perle, antiguo Subsecretario de Defensa para Política de Seguridad Internacional en la época de Reagan. De hecho, Perle puede ser la fuerza motriz singular de un grupo muy unido (que incluye a Wolfowitz) cuyos orígenes en el establishment moderno de la seguridad nacional se remontan a la década de 1970, cuando Perle era uno de los principales ayudantes del difunto senador Henry M. Jackson (D-Wash.).

Perle y uno de sus ayudantes más cercanos, Stephen J. Bryen, aparecieron por primera vez en el escenario de Washington como miembros muy influyentes del personal del Senado estadounidense. Perle era uno de los principales asesores del senador Jackson, presidente del Comité de Servicios Armados del Senado. Bryen era uno de los principales asesores del senador Clifford Case (republicano de Nueva Jersey), el demócrata republicano de mayor rango en el Comité de Relaciones Exteriores del Senado.

Jackson y Case eran conocidos por ser ardientes defensores públicos de Israel. Pero entre bastidores, sus dos ayudantes estaban ocupados prestando "servicios especiales" al pequeño pero poderoso Estado de Oriente Medio.

En 1970, después de que el Consejo de Seguridad Nacional ordenara intervenir las comunicaciones telefónicas de la embajada israelí en Washington, se descubrió que Perle había estado pasando información clasificada a un funcionario de la embajada israelí. Aunque el entonces director de la CIA, Stansfield Turner, exigió airadamente a Jackson que despidiera a Perle, éste se negó, echando más leña al fuego de las antiguas especulaciones de que el lobby israelí ejercía un "dominio absoluto" sobre el veterano legislador.

En 1975, el periodista judío estadounidense Stephen Isaacs, que escribía para *el Washington Post*, señaló en su libro *Jews and American Politics (Los judíos y la política estadounidense)* que Perle -junto con otro destacado empleado judío del Congreso, Morris Amitay, que más tarde dirigió el Comité Estadounidense Israelí de Asuntos Públicos (AIPAC), uno de los principales grupos de presión a favor de Israel- "comandaba un pequeño ejército de semitófilos en el Capitolio y dirigía el poder judío en nombre de los intereses judíos".[44]

EL ASUNTO DEL EQUIPO B

Pero la influencia de Perle se extendió mucho más allá de los pasillos del Congreso. No sólo era una pieza clave del lobby israelí en el Capitolio, sino que a mediados de la década de 1970 también desempeñó un papel clave en la selección de un organismo oficial -conocido oficialmente como "Equipo B"- que funcionaba como un consejo asesor supuestamente "independiente" sobre las estimaciones de inteligencia de los objetivos y capacidades soviéticos.

De hecho, los miembros del Equipo B estaban obligados por su determinación a garantizar que todos los aspectos de la política exterior estadounidense se orientaran hacia políticas que resultaran beneficiosas para Israel.

Para comprender lo que está ocurriendo hoy en nuestro mundo como resultado de la dominación de los neoconservadores del Estado de Washington, es esencial entender los acontecimientos geopolíticos que rodean la historia del grupo conocido como "Equipo B".

---

[44] Stephen D. Isaacs. *Jews and American Politics* (Nueva York: Doubleday & Company, 1975), p. 254.

Aunque el Equipo B ha sido objeto de debate y discusión al más alto nivel, no fue hasta que el difunto Andrew St. George, un destacado corresponsal internacional, anteriormente asociado a la revista *Life*, empezó a escribir sobre su historia en las páginas de un inconformista semanario nacional, *The Spotlight*, que la historia del Equipo B llegó a un público amplio.

El Equipo B surgió a mediados de la década de 1970, en un momento en el que las facciones de línea dura del gobierno israelí presionaban con fuerza en Washington para conseguir más ayuda armamentística y más dinero del programa de ayuda exterior estadounidense. Partidarios leales de Israel, como el senador Jackson, argumentaban que Israel necesitaba un mayor poder militar para proteger a Oriente Medio de la "agresión soviética", un argumento que hacía las delicias de los anticomunistas de línea dura de ambos partidos políticos. Israel estaba jugando la "carta soviética" a fondo.

Los israelíes se opusieron ferozmente a la distensión porque temían que la cooperación entre Estados Unidos y la Unión Soviética condujera a acciones conjuntas de las dos superpotencias que pudieran resultar contrarias a los intereses israelíes.

En 1974, Albert Wohlstetter, profesor de la Universidad de Chicago, acusó a la CIA de subestimar sistemáticamente el despliegue de misiles soviéticos. Wohlstetter, conocido arquitecto de la estrategia nuclear estadounidense, fue también durante mucho tiempo el mentor intelectual de Richard Perle. [45]De hecho, la relación era aún más estrecha: habiendo crecido en Los Ángeles, Perle era amigo de instituto de la hija de Wohlstetter.

---

[45] Anne Hessing Cahn, *Boletín de Científicos Atómicos*. Abril de 1993. En línea en: thebulletin.org/issues/1993/a93/a93Teamb.html.

Basándose en gran medida en la obertura de Wohlstetter, Perle y otros activistas pro-Israel en el Capitolio y en el Washington oficial comenzaron a atacar a la CIA y a exigir una mayor investigación sobre el análisis de la CIA del poder soviético. Perle utilizó las oficinas del senador Jackson -que buscaba la nominación del Partido Demócrata para las elecciones presidenciales de 1976, financiado principalmente por donantes judíos estadounidenses- como "cuartel general" para el ataque a la CIA.

Sin embargo, los analistas de inteligencia estadounidenses se burlaron de los gritos alarmistas de Israel. Dirigidos por analistas de alto nivel de la Oficina de Estimaciones Nacionales, aseguraron a la Casa Blanca que, al menos por el momento, los soviéticos no tenían ni la intención ni la capacidad de atacar un objetivo importante de interés vital para Estados Unidos, como los Estados del Golfo ricos en petróleo.

No obstante, los aliados de Israel en Washington maniobraron para intentar contrarrestar las conclusiones de la Office of National Estimates. Bajo la presión política del senador Jackson y otros partidarios de Israel, el presidente Gerald Ford accedió a mediados de 1976 (cuando George Bush era director de la CIA) a instituir una llamada "auditoría" de los datos de inteligencia proporcionados por los propios oficiales de inteligencia interna de la CIA (que pronto se conocerían como el "Equipo A") por parte de un comité de expertos "independientes", conocidos como el "Equipo B".

Sin embargo, el recién creado y ostensiblemente "independiente" grupo B-Team, dirigido por el profesor de Harvard Richard Pipes, un devoto de la causa sionista nacido en Rusia, se ha convertido en un puesto avanzado de la influencia israelí.

(Años más tarde, el hijo de Pipes, Daniel Pipes, se convertiría en uno de los principales propagandistas antiárabes y antimusulmanes de la red neoconservadora, dirigiendo un think tank bien financiado, el Middle East Institute, en estrecha colaboración con Perle. En el verano de 2003, el presidente

George W. Bush nombró al joven Pipes miembro del Instituto de la Paz de Estados Unidos, patrocinado por el gobierno federal, a pesar de las objeciones de muchos que consideraban a Pipes un fanático del odio con una agenda política única.) En cualquier caso, Richard Perle fue en gran medida responsable de la selección de los miembros del Equipo B. Paul Wolfowitz se unió al Equipo B por recomendación de Perle. Lo mismo puede decirse del veterano diplomático Paul Nitze, entre otros destacados miembros del equipo seleccionado.

[46]Anne Hessing Cahn, que más tarde estudió el asunto del Equipo B, escribió que "había una cercanía casi incestuosa entre la mayoría de los miembros del Equipo B",, citando a Perle diciendo que "la conexión neoconservadora judía surgió de ese periodo de preocupación por la distensión e Israel". [47] Robert Bowie, ex director adjunto de inteligencia nacional de la CIA, describió los esfuerzos del Equipo B como "una lucha por el alma del Partido Republicano, para conseguir el control de la política exterior dentro de una rama del partido".[48]

Mientras tanto, John Paisley, recientemente retirado de la CIA, ha sido nombrado por el director de la CIA Bush para actuar como enlace entre el "equipo A" interno de la CIA y el "equipo B" influenciado por Israel.

Meade Rowington, antiguo analista de contrainteligencia estadounidense, citado por Andrew St. George en *The Spotlight* el 5 de febrero de 1996, señaló: "Pronto quedó claro para Paisley que estos intelectuales cosmopolitas simplemente intentaban desacreditar las recomendaciones de la CIA y sustituirlas por la

---

[46] Anne Hessing Cahn *Killing Détente: The Right Attacks the CIA* (State College, Pennsylvania: Pennsylvania State University Press, 1998), p. 151.

[47] *Ibid.* p. 30.

[48] *Ibid*, p. 187.

visión alarmista de las intenciones soviéticas favorecida por los estimadores israelíes".[49]

A principios de 1978, el Equipo B había completado su revisión de los procedimientos y programas de la CIA y publicado un extenso informe que criticaba severamente casi todas las conclusiones a las que la inteligencia estadounidense había llegado en años anteriores sobre el poder militar soviético y sus usos previstos.

El informe del Equipo B, influido por los israelíes, afirmaba que los soviéticos estaban desarrollando en secreto la denominada capacidad de "primer ataque" porque la doctrina estratégica soviética suponía que un ataque sorpresa de ese tipo les convertiría en vencedores en un intercambio nuclear con Estados Unidos. El Equipo B rechazó las estimaciones de los analistas según las cuales era improbable que Moscú iniciara un conflicto nuclear a menos que fuera atacado. Al final, por supuesto, prevalecieron las conclusiones del Equipo B y la consecuencia directa fue una reanudación virtual de la carrera armamentística y una nueva inyección masiva de ayuda militar y de otro tipo de Estados Unidos a Israel durante la década de 1980.

Basado en lo que los críticos acusaron (y resultó ser) estimaciones fraudulentas proporcionadas por la inteligencia israelí, el informe del equipo B se basaba en la advertencia de que la Unión Soviética estaba agotando rápidamente sus reservas de petróleo.

Como resultado, el Equipo B predijo que a partir de 1980 la producción soviética de petróleo sufriría una grave escasez, obligando a Moscú a importar hasta 4,5 millones de barriles diarios para satisfacer sus necesidades esenciales. Hambrientos de petróleo -según la desinformación israelí- los soviéticos

---

[49] *The Spotlight*, 5 de febrero de 1996.

invadirían Irán u otro Estado del Golfo rico en petróleo, aunque ello supusiera un enfrentamiento nuclear con Estados Unidos.

Aunque el informe final del equipo permaneció secreto y el acceso al mismo estaba restringido a un puñado de funcionarios del gobierno, John Paisley aparentemente se hizo con una copia del informe en el verano de 1978 y se dispuso a escribir una crítica detallada diseñada para destruir esta desinformación israelí. Pero Paisley fue asesinado antes de que pudiera completar su tarea.

Según Richard Clement, que dirigió el Comité Interinstitucional de Lucha contra el Terrorismo bajo la administración Reagan: Los israelíes no tuvieron reparos en "clausurar" las actividades de funcionarios clave de los servicios de inteligencia estadounidenses que amenazaban con desenmascararlos. Los que estamos familiarizados con el caso Paisley sabemos que fue asesinado por el Mossad. Pero nadie, ni siquiera en el Congreso, quiere dar la cara y decirlo públicamente".[50]

Las sólidas pruebas recopiladas a lo largo de los años por diversos investigadores críticos independientes dentro y fuera del gobierno -muchos de ellos judíos, por cierto- indican que los intrigantes sionistas del Equipo B exageraron efectivamente los designios imperiales y la estrategia militar soviéticos, como han afirmado Paisley y otros analistas imparciales.

EL EQUIPO B TOMA EL MANDO

En última instancia, el experimento entre bastidores llevado a cabo por el Equipo B en las altas esferas de la comunidad de inteligencia estadounidense sentó las bases de la moderna red "neoconservadora" que acabó tomando el control de la administración Bush a partir de 2001.

---

[50] *Ibid.*

En su erudito (aunque vagamente admirativo) estudio sobre los neoconservadores - *The Rise of Neoconservatism: Intellectuals and Foreign Affairs* - John Ehrman informa de que el rejuvenecimiento del grupo "cinta azul" de la época de la Guerra Fría, conocido como Comité sobre el Peligro Actual, fue una consecuencia directa del proceso del equipo B, esencialmente un enfoque de relaciones públicas para difundir las perspectivas geopolíticas del equipo B.[51]

El profesor Benjamin Ginsberg señala en su historia, *The Fatal Embrace: Jews & the State,* un estudio sobre el papel de los judíos en los asuntos políticos estadounidenses, que el veterano diplomático Paul Nitze, conocido como el "Equipo B", y el ex subsecretario de Estado Eugene Rostow se encontraban entre los fundadores del nuevo comité, junto con el ex secretario del Tesoro Charls Walker, que entonces ejercía presión para los contratistas de defensa, que ayudaron a financiar el comité. El consejero general del comité era Max Kampelman, una poderosa figura de Washington conocida por ser una pieza clave del lobby israelí. Ginsberg describió con franqueza la naturaleza de la organización:

> El Comité del Peligro Actual era, de hecho, una alianza entre los Guerreros Fríos... que creían en la necesidad de contener a la Unión Soviética... la industria de defensa... que tenía un interés pecuniario obvio en el aumento del gasto en defensa, y las fuerzas pro-Israel que habían llegado a ver altos niveles de gasto en defensa y una política exterior intervencionista de EE.UU. como esenciales para la supervivencia de Israel y que esperaban hacer del apoyo a

---

[51] John Ehrman. *The Rise of Neo-Conservatism: Intellectuals and Foreign Affairs,* (New Haven, Connecticut: University of Connecticut Press), 1995, p. 112.

Israel parte del esfuerzo de EE.UU. para contener a la Unión Soviética.

Cada uno de estos aliados tenía interés en afirmar que la expansión soviética representaba un "peligro claro y presente" para Estados Unidos. Para los guerreros del frío, era el evangelio político y una vía de regreso al poder en la burocracia. Para la industria de defensa, era la clave para obtener grandes beneficios. Para el lobby israelí, la oposición a la URSS era una rúbrica para justificar la expansión de la ayuda militar y económica estadounidense a Israel.[52]

Ginsberg señaló que, durante la campaña electoral de 1980, los miembros de la Comisión participaron activamente en los esfuerzos de Ronald Reagan para las elecciones presidenciales y que, como resultado, la Comisión "se convirtió en el vehículo a través del cual la alianza de los guerreros del frío, los contratistas de defensa y los grupos pro-Israel pasaron a formar parte de la coalición de Reagan y obtuvieron acceso al gobierno".[53]

Al final, como señala el historiador estadounidense Richard Gid Powers, Reagan incorporó a su administración no menos de sesenta miembros del Comité, incluidos sus fundadores, Paul Nitze y Eugene Rostow, que fueron colocados en los puestos más críticos del control de armamentos.[54]

---

[52] Ginsberg, p. 205.

[53] Ginsberg, p. 205.

[54] Richard Gid Powers. *Not Without Honor: The History of American Anticommunism* (Nueva York: Free Press), 1995, p. 393.

El New York Times llegó a afirmar que la influencia del Comité equivalía a "una toma de control virtual del aparato de seguridad nacional".[55]

Cuando la administración Reagan asumió el poder, muchas de las mismas personalidades implicadas en las actividades del Comité de Peligro Actual crearon otro comité de "cinta azul" cuyas motivaciones eran paralelas a las operaciones del Comité de Peligro Actual.

Conocida como el Comité por un Mundo Libre, esta nueva entidad, fundada por Midge Decter, esposa de otro ex trotskista convertido en "neoconservador", Norman Podhoretz, contaba entre sus miembros con figuras de la talla de Elliott Abrams, Gertrude Himmelfarb (esposa de Irving Kristol y madre de William Kristol) y Michael Ledeen, todos los cuales forman ahora parte de la "red Perle-Kristol". En particular, Donald Rumsfeld, que actualmente dirige la guerra de Estados Unidos contra Irak como Secretario de Defensa de la administración de George W. Bush, ayudó a recaudar fondos para este comité.[56]

Como dijo la crítica del equipo B Anne Hessing Cahn, "cuando Ronald Reagan fue elegido, el equipo B se convirtió, en esencia, en el equipo A".[57] Y el impacto de las falsas estimaciones del equipo B sigue afectando a Estados Unidos a principios del siglo XXI, no sólo en términos de política exterior, sino también de política interior. La Sra. Cahn señala

> Durante más de un tercio de siglo, la percepción de la seguridad nacional estadounidense estuvo influida por la

---

[55] *New York Times*, 23 de noviembre de 1981.

[56] John Ehrman, pp. 139-141.

[57] Anne Hessing Cahn en *Bulletin of Atomic Scientists*. Abril de 1993. En línea en la siguiente dirección: thebulletin.org/issues/1993/a93/a93Teamb.html.

idea de que la Unión Soviética iba camino de alcanzar la superioridad militar sobre Estados Unidos. Ni el equipo B ni las multimillonarias agencias de inteligencia pudieron ver que la Unión Soviética se estaba disolviendo desde dentro.

Durante más de un tercio de siglo, las afirmaciones de superioridad soviética instaron a Estados Unidos a "rearmarse". En la década de 1980, este llamamiento fue tan escuchado que Estados Unidos se embarcó en un programa de defensa de un billón de dólares.

Como resultado, el país ha descuidado sus escuelas, sus ciudades, sus carreteras y puentes, y su sistema sanitario. De ser la nación acreedora por excelencia, Estados Unidos se ha convertido en la nación deudora por excelencia, con el fin de pagar las armas necesarias para contrarrestar la amenaza de una nación que se derrumba.[58]

No cabe duda de que la institución del equipo B y el impacto que tuvo en la política estadounidense sentaron las bases para la futura búsqueda del poder que llevó a los neoconservadores (que habían sido formados por Richard Perle como parte del proceso del equipo B) a hacerse con el control total de la política de la administración de George W. Bush a partir de 2001.

Durante aquellos años efervescentes de la era Reagan y el ascenso del Equipo B, el nombramiento de Richard Perle como Subsecretario de Defensa para Política de Seguridad Internacional y la posterior contratación por parte de Perle de su íntimo amigo y antiguo camarada del Capitolio, Stephen J. Bryen, como adjunto, resultaron ser acontecimientos fundamentales que tendrían inmensas ramificaciones para el futuro.

---

[58] *Ibid.*

Y ahí radica una historia en sí misma...

EL ESCÁNDALO DE ESPIONAJE PERLE-BRYEN

Aunque Perle y Bryen adquirieron un inmenso poder como políticos de alto nivel en la administración Reagan, su ascenso se vio casi interrumpido por un escándalo que estalló apenas dos años antes de que Reagan fuera elegido Presidente. Es esencial entender este escándalo para comprender hasta qué punto la red de Perle está estrechamente vinculada al gobierno de Israel.

Empecemos por señalar que, en torno a la época de la trama del Equipo B (mediados de la década de 1970), Perle abandonó el equipo del senador Jackson y se dedicó al negocio privado de las armas, estableciendo numerosos acuerdos lucrativos entre el Pentágono y Soltam, una de las principales empresas armamentísticas israelíes.

Mientras tanto, Stephen J. Bryen, socio de Perle en el Capitolio, estaba bajo vigilancia del FBI desde 1977, cuando se sospechó que utilizaba su puesto en el personal del Comité de Relaciones Exteriores del Senado para obtener información clasificada del Pentágono, en particular sobre cuestiones militares árabes, que la Agencia de Inteligencia de Defensa sospechaba que Bryen pasaba a los israelíes.

Posteriormente, el 9 de marzo de 1978, Bryen fue escuchado en una conversación privada durante el desayuno con cuatro funcionarios de los servicios de inteligencia israelíes en la cafetería del Hotel Madison de Washington. Del contenido de su conversación se desprendía claramente que estaba proporcionando a los funcionarios israelíes información militar de alto nivel.

Lo sorprendente, sin embargo, es que Bryen (estadounidense y empleado del gobierno de EE.UU.) fue oído continuamente refiriéndose al gobierno de EE.UU. como "ellos" y utilizando el pronombre "nosotros" al referirse a su posición y a la del gobierno israelí. Poco podía imaginar Bryen que un estadounidense de ascendencia árabe, activo en asuntos árabe-estadounidenses y que ejercía presión sobre cuestiones de Oriente Próximo, le reconocería (a Bryen) y comprendería el carácter delicado de la conversación que Bryen mantenía con funcionarios israelíes.

El empresario árabe-americano Michael Saba denunció el asunto al FBI. A su debido tiempo, el FBI inició una investigación en toda regla sobre Bryen, hasta el punto de que el Departamento de Justicia (que supervisa al FBI) recopiló un expediente de 632 páginas sobre las actividades de Bryen.

El fiscal estadounidense encargado de la investigación, Joel Lisker (estadounidense de confesión judía), recomendó que Bryen fuera acusado no sólo del delito de haber sido un agente extranjero no registrado para Israel, sino también de haber cometido actos de espionaje en nombre de Israel.

El escándalo estalló finalmente (hasta cierto punto) en los medios de comunicación estadounidenses, con el periódico liberal *The Nation* alegando que Bryen había recibido regularmente órdenes de Zvi Rafiah, asesor de la embajada israelí. De hecho, finalmente se supo que Rafiah no era sólo un consejero de la embajada. Era el jefe de la estación estadounidense de la división de servicios clandestinos de la agencia de inteligencia israelí, el Mossad.

A pesar de todo, Bryen no fue acusado. En cambio, se le pidió que abandonara "discretamente" el personal del Comité de Relaciones Exteriores del Senado, cosa que hizo. Como era de esperar, Bryen pronto se trasladó a Washington, D.C., como publicista y grupo de presión para Israel, como director de un grupo conocido como el Instituto Judío para Asuntos de Seguridad Nacional (JINSA).[59]

Al final, como hemos visto, cuando el republicano Ronald Reagan fue elegido presidente con el firme apoyo de la red judía neoconservadora, Perle y Bryen volvieron a ocupar los puestos más altos del establishment político del gobierno estadounidense, a pesar del escándalo.

Perle fue nombrado Subsecretario de Defensa para Política de Seguridad Internacional y pronto incorporó a Bryen como Adjunto para Comercio Económico Internacional y Política de Seguridad. Sin embargo, Perle se volvió muy controvertido debido a su implicación con los intereses de defensa israelíes.

El 17 de abril de 1983, *el New York Times* publicó un importante artículo en el que señalaba que había cuestiones éticas en torno al trabajo de Perle para Zoltam, la principal empresa de defensa israelí. Fue precisamente cuando Perle se incorporó al Ministerio de Defensa cuando aceptó unos honorarios de 50.000 dólares de Shlomo Zabludowitz, fundador de Zoltam, por un trabajo que había realizado para la empresa. Casi un año después, mientras trabajaba en el Ministerio de Defensa, instó al Secretario del Ejército de Estados Unidos a que considerara la posibilidad de hacer negocios con Zabludowitz. Se cuestionó si se trataba de una infracción de las leyes estadounidenses que rigen la ética de los funcionarios públicos, pero Perle se libró de la censura.

Irónicamente, se plantearon cuestiones éticas similares sobre los negocios privados de Perle en los días previos e inmediatamente posteriores al inicio de la guerra de Estados Unidos contra Irak en marzo de 2003, unos 20 años después. Sin embargo, ni en 2003 (ni antes) se plantearon serios interrogantes sobre *las acusaciones*

---

[59] El asunto Bryen se describe detalladamente en la *obra de* Michael Saba *The Armageddon Network* (Brattleboro, Vermont: Amana Books, 1977).

más incendiarias de posible espionaje por parte de Perle y su amigo y colega Bryen en nombre de Israel.

Sea como fuere, Perle y Bryen se convirtieron en influyentes durante la administración Reagan. En 1984, la revista *Business Week* dijo de Perle: "Para asegurarse de que sus puntos de vista prevalezcan, Perle ha construido una poderosa red de aliados en la trastienda de Washington".[60] En 1986, *el Washington Post* citó a un alto funcionario del Departamento de Estado estadounidense que afirmaba que Perle era "el hombre más poderoso del Pentágono", incluso más que su verdadero superior, Caspar Weinberger, entonces Secretario de Defensa.[61]

Sin embargo, esto no impidió que periódicos independientes como *Spotlight*, cuyo periodista de investigación Andrew St. George fue el primero en cubrir el asunto Bryen, intentaran llamar la atención pública sobre el mismo, con la ayuda del empresario árabe-americano Michael Saba, que había visto y oído por primera vez la filtración de información clasificada de Bryen a agentes israelíes.

Esto tampoco impidió que Saba y las organizaciones árabe-estadounidenses siguieran presionando para que se investigara a fondo el propio asunto Bryen y las turbias circunstancias que llevaron al Departamento de Justicia a abandonar su caso contra Bryen. Aunque Saba publicó un libro detallado en el que describía las actividades de Perle y Bryen, titulado *The Armageddon Network*, la administración Reagan (presionada por el lobby israelí) se negó a "llegar al fondo del asunto" e investigar el caso Bryen. Poner fin al espionaje, mantener un equilibrio en las relaciones con Israel y sus vecinos árabes, y evitar la interferencia israelí en la formulación de la política estadounidense son

---

[60] *Business Week*, 21 de mayo de 1984.

[61] The Washington Post Magazine, *13 de abril de 1986*.

aspectos cruciales para los intereses estadounidenses en Oriente Medio. El asunto Bryen, que ha suscitado dudas sobre todos estos puntos, debe ser aclarado". [62]En los últimos años, *el American Free Press*, con sede en Washington, ha sido prácticamente la única publicación importante que ha mencionado el asunto Bryen.

ISRAEL Y EL MAPA DE CHINA

Así, Perle y Bryen siguieron siendo influyentes -y desenfrenados- durante sus años en el Ministerio de Defensa bajo el mandato del republicano Ronald Reagan. Sin embargo, es interesante observar que durante este período, a pesar de su percibido "anticomunismo" de línea dura, Perle y Bryen surgieron como los dos principales promotores de las lucrativas (pero en gran medida no reconocidas) exportaciones de armas de Israel a la China comunista.

El 25 de enero de 1985, el *Washington Times*, muy proisraelí, informaba de que "Perle, el funcionario de la administración [Reagan] más responsable de intentar negar la tecnología armamentística estadounidense a los países comunistas [del bloque soviético], se dice que está a favor del enlace armamentístico de Israel con China. También se dice que Stephen Bryen está a favor de este tráfico...".

Para muchos conservadores estadounidenses -anticomunistas tradicionales- esto era significativo, sobre todo a la luz de la reputación de Perle como "anticomunista". Sin embargo, el 21 de mayo de 1984, la revista *Business Week* informó de que un ayudante del Congreso había dicho de Perle: "No es un virulento anticomunista; es un virulento antisoviético."

---

[62] "Los secretos americanos y los israelíes". Editorial *del Boston Globe*. 28 de agosto de 1986.

En su momento, los críticos de Perle encontraron sentido a este comentario, señalando que, de hecho, muchos "neoconservadores" eran de hecho trotskistas ostensiblemente "reformados" y que, tal vez, la guerra "neoconservadora" contra la Unión Soviética era poco más que una continuación de una batalla ideológica que había comenzado entre Josef Stalin y su principal rival, León Trotsky, y que continuó haciendo estragos entre sus partidarios incluso después de que Stalin y Trotsky hubieran desaparecido.

Quizá no sea casualidad que el ex vicepresidente republicano Nelson Rockefeller causara revuelo al llamar "comunista" a Pearl. [63] Como señalan los cínicos, aunque Rockefeller se disculpó, es posible que el multimillonario, franco y bien informado, supiera algo que la mayoría de la gente ignoraba.

JINSA-LA MÁQUINA DE GUERRA NEOCONSERVADORA

En los años siguientes, mientras Perle y Bryen continuaban activos en los círculos pro-Israel en Washington, su poder e influencia fueron destacados por el *Wall Street Journal* en un artículo titulado "Roles de ex funcionarios del Pentágono en el grupo judío muestran la influencia de la red pro-Israel de la Guerra Fría". El artículo describe lo que el *Journal* denomina un "círculo pequeño y estrecho [que] ilustra una red duradera de conservadores de la Guerra Fría e intereses pro-Israel en Washington". Aunque la Guerra Fría haya terminado, el *Journal* señala que "sus vínculos políticos y gubernamentales son una fuente de influencia para las fuerzas pro-Israel".[64]

---

[63] *New York Times*, 3 de mayo de 1986.

[64] Todos los comentarios citados proceden del *Wall Street Journal*, 22 de enero de 1992.

El artículo informaba sobre las actividades del grupo conocido como Instituto Judío para Asuntos de Seguridad Nacional (o JINSA, por sus siglas en inglés), que Stephen Bryen, asociado de Perle, había fundado justo antes de servir bajo las órdenes de Perle en la administración Reagan (durante el paréntesis gubernamental de Bryen, JINSA fue dirigida por la esposa de Bryen, Shoshana). Al describir la influencia de JINSA, el *Journal* decía:

> Sin mucha fanfarria, la propia JINSA se ha hecho un hueco cultivando lazos militares más estrechos entre Estados Unidos e Israel e instando a los judíos estadounidenses a votar por una defensa fuerte en casa. Garantizar el apoyo del Pentágono es una de sus principales prioridades. En el marco de un programa denominado "Enviar un general a Israel", cientos de miles de dólares en contribuciones deducibles de impuestos financian una gira anual por Israel de generales y almirantes estadounidenses retirados. Intercambian opiniones con funcionarios israelíes y visitan zonas estratégicas como los Altos del Golán.[65]

No es casualidad que JINSA sea hoy (como hemos visto más arriba) uno de los principales actores en los círculos "neoconservadores" que rigen la política de la administración Bush. No sólo el vicepresidente Dick Cheney, sino también el subsecretario de Defensa Douglas Feith estuvieron asociados - como hemos visto- con JINSA antes de asumir el cargo.

Nuestro análisis de los primeros años del movimiento neoconservador concluye, por tanto, con los acontecimientos ocurridos entre el 11 de septiembre de 2001 y el inicio de la guerra contra Irak.

Junto con su viejo amigo Paul Wolfowitz, que trabaja dentro de la administración Bush para promover la guerra total contra los

---

[65] *Ibid.*

supuestos enemigos de Israel, Perle se ha unido a William Kristol para formar lo que equivale a una versión de segunda generación del "Equipo B", que no es ni más ni menos que un "partido de la guerra".

Tras los atentados del 11 de septiembre, Perle y Kristol redactaron una carta dirigida al Presidente en la que se hacían eco del llamamiento de Wolfowitz a una guerra total contra Irak, Irán y Siria, por no mencionar al Hezbolá palestino. Para completar su esfuerzo, pidieron a un gran número de operativos "neoconservadores" -así como a un puñado de "liberales"- que se unieran a ellos para firmar la carta.

EL PARTIDO DE LA GUERRA - ALGUNOS NOMBRES

Aunque la lista de firmantes es bipartidista e incluye a varias personas identificadas con la filosofía "liberal", el único hilo conductor es que, francamente, aunque la mayoría de las personas de la lista son judías, las que no lo son han sido durante mucho tiempo miembros entusiastas de lo que el tradicional conservador estadounidense y crítico neoconservador Pat Buchanan denominó "el rincón del amén de Israel" en el Washington oficial.

Del mismo modo, todos los firmantes tienen estrechos y antiguos vínculos con la red de la familia Kristol y sus aliados en la esfera de influencia que rodea a Richard Perle desde los tiempos del antiguo "equipo B" en la década de 1970.

Son, en efecto, el "partido de la guerra". Lo que sigue es prácticamente un quién es quién del partido de la guerra imperial.

Gary Bauer. Otro antiguo satélite de Irving Kristol y su hijo William (con quien compartía intereses en un condominio de vacaciones), Bauer ha sido un ferviente e inquebrantable partidario de Israel dentro del movimiento de la "derecha cristiana" estadounidense, a través de su liderazgo del Family Research Council.

William J. Bennett. Toda la carrera del Sr. Bennett en el Washington oficial se ha desarrollado bajo el patrocinio de la familia Kristol, desde su cargo de Presidente de la Fundación Nacional para las Humanidades hasta Secretario de Educación con el Presidente Ronald Reagan y "Zar antidroga" con el Presidente George H. W. Bush. El Sr. Bennett es codirector de un "think tank" patrocinado por el Sr. Kristol, conocido como Empower America y fundado en 1991. A cambio del patrocinio de Irving Kristol, Bennett dio a William Kristol su primer puesto de alto nivel en el gobierno, nombrándole jefe de personal del Departamento de Educación de EEUU.

Eliot Cohen. Director del Centro de Educación Estratégica de la Escuela Nitze de Estudios Internacionales Avanzados (SAIS) -de la que fue Decano el ex Subsecretario de Defensa Paul Wolfowitz antes de su regreso al Ministerio de Defensa-, el Sr. Cohen es autor de un nuevo libro dedicado a "La revolución de seguridad de Israel".

Midge Decter. Esposa de Norman Podhoretz, miembro del Consejo de Relaciones Exteriores [véase más adelante], y personalidad mediática de alto nivel, la Sra. Decter es madre de John Podhoretz, que fue subdirector del *Weekly Standard*, del que William Kristol es director y editor.

Thomas Donnelly. Subdirector del Proyecto para el Nuevo Siglo Americano de William Kristol y antiguo editor de *The National Interest*, revista "neoconservadora" fundada por el padre de Kristol, Irving Kristol, Donnelly es un experimentado corresponsal militar que se formó en el SAIS de la Universidad Johns Hopkins, del que Paul Wolfowitz fue decano antes de volver al Departamento de Defensa (como vimos antes).

Hillel Fradkin. Sionista declarado, miembro residente del American Enterprise Institute y profesor adjunto de Gobierno en la Universidad de Georgetown, Fradkin es el director en Washington del Centro Shalem, con sede en Israel, que se describe a sí mismo como un "instituto de investigación del pensamiento social judío e israelí". Fradkin fue también vicepresidente de la Fundación Lynde y Harry Bradley, una fundación "conservadora" que ha proporcionado millones de dólares en financiación a una miríada de grupos y proyectos pro-israelíes (y anti-árabes y anti-islámicos). Por supuesto, no es una coincidencia que William Kristol haya estado asociado a esta fundación en el pasado y siga desempeñando un papel importante en la dirección de sus asuntos.

Frank Gaffney. Gaffney, uno de los principales actores en la esfera Perle-Kristol, es el "halcón" director del Center for Security Policy, un think-tank de Washington conocido por lo que se ha descrito como su apoyo a las "causas israelíes de extrema derecha" y que cuenta con Richard Perle en su consejo. El propio Gaffney trabajó junto a Perle en el equipo del senador Henry M. Jackson, cuando Perle participaba activamente en la construcción del "equipo B" y actuaba como un activo titular para Israel. El consejo de Gaffney también incluye al antiguo director del Comité de Asuntos Públicos Americano-Israelí Morris Amitay y al antiguo Secretario de la Marina John Lehman [ver más abajo]. El CSP de Gaffney está financiado por la Irving I. Moskowitz Foundation. Moskowitz Foundation, que apoyó adquisiciones inmobiliarias en Israel asociadas con el primer ministro israelí Ariel Sharon, y la ya mencionada Lynde and Harry Bradley Foundation, influida por Kristol. Gaffney se especializa en la formación de becarios proisraelíes para puestos de toma de decisiones gubernamentales y en la difusión de propaganda proisraelí en círculos republicanos y "conservadores". Gaffney es un columnista muy citado que escribe para el neoconservador *Washington Times.*

Reuel Marc Gerecht. Antiguo especialista en Oriente Medio de la Dirección de Operaciones Secretas de la CIA, Gerecht escribe para publicaciones asociadas a Kristol, como *The Weekly Standard.* Es el protegido de Richard Perle.

Michael Joyce. Poco conocido por el gran público, Joyce, otro protegido de Irving Kristol, es un antiguo maestro de escuela que ascendió al poder gracias a su participación en una serie de ricas fundaciones conocidas por su apoyo a causas pro-israelíes, incluida la Fundación Olin -financiada por intereses químicos y de municiones- que apoyó la propaganda antiislámica del escritor Steven Emerson (una "autoridad" ampliamente citada sobre el "terrorismo islámico") y la Fundación Lynde y Harry Bradley (mencionada anteriormente), de la que Joyce fue director durante muchos años. La Fundación Bradley fue una importante fuente de financiación de National Affairs, Inc, la empresa asociada a la familia Kristol que publica las revistas *The National Interest* y *The Public Interest*.

Donald Kagan Historiador que ha publicado numerosos trabajos sobre la historia de la guerra y partidario, como William Kristol, de una flexión del poder militar estadounidense en todo el mundo, Kagan es catedrático de Clásicas e Historia en la Universidad de Yale.

Robert Kagan. Hijo del ya mencionado Donald Kagan, es director del Proyecto para el Nuevo Siglo Americano de William Kristol, asociado principal de la Fundación Carnegie para la Paz Internacional, editor del *Weekly Standard* de Kristol y escritor de una columna mensual regular para el *Washington Post*, donde defiende sistemáticamente una línea proisraelí y aboga por la injerencia estadounidense en el extranjero. (El hermano de Robert Kagan, Frederick Kagan, también se ha convertido en una figura destacada de la red de poder neoconservadora).

Charles Krauthammer. Famoso presentador de televisión y columnista de periódicos nacionales, Krauthammer, que se formó como psiquiatra, parece obsesionado con dedicar cada hora de vigilia a escribir y hablar sobre la necesidad de que Estados Unidos dedique sus energías a preservar Israel y destruir a los enemigos de Israel. Su veneno contra los críticos de Israel quizá no tenga parangón.

John Lehman. Ex asesor del Consejo de Seguridad Nacional (NSC) de Henry Kissinger, entonces Secretario de Estado, Lehman pasó a ser Secretario de Marina bajo la administración Reagan y Director Adjunto de la Agencia de Control de

Armamentos y Desarme de Estados Unidos, donde estuvo estrechamente vinculado a los círculos pro-israelíes que rodean a Paul Wolfowitz y Richard Perle. La periodista británica Claudia Wright señala que antes de convertirse en Secretario de Marina, Lehman "era muy conocido en los círculos militares israelíes, formaba parte del consejo de un think tank de Filadelfia dirigido por partidarios estadounidenses de Israel y dirigía una consultoría de defensa muy rentable con vínculos comerciales con la industria armamentística israelí". Junto con Perle y otros compinches de la familia Kristol mencionados anteriormente, Lehman forma parte del consejo del Center for Security Policy [véase Frank Gaffney, más arriba].

Martin Peretz. El editor decididamente proisraelí del periódico "liberal" *New Republic* declaró en la edición del 24 de septiembre de su revista que, tras los atentados terroristas del 11 de septiembre, "ahora todos somos israelíes". Aliado de los neoconservadores, Peretz está considerado desde hace tiempo como una figura clave de una red de editores y personalidades mediáticas de alto nivel que sólo tienen un objetivo en mente: promover la causa de Israel.

Norman Podhoretz. Miembro del Consejo de Relaciones Exteriores y figura clave de la influyente rama neoyorquina del Comité Judío Estadounidense y de su revista *Commentary*, "liberal convertida en conservadora", Podhoretz es otro "ex trotskista" que se ha establecido como uno de los principales neoconservadores pro-Israel, en asociación con Irving Kristol. Su hijo, John Podhoretz, fue colega de William Kristol como subdirector del *Weekly Standard,* financiado por Rupert Murdoch.

Stephen J. Solarz. Ex miembro durante muchos años de la Cámara de Representantes, donde desempeñó un papel fundamental en la defensa de los intereses de Israel a nivel legislativo, Solarz es ahora un consultor internacional muy influyente. Durante su estancia en el Congreso, Solarz desempeñó un papel fundamental (junto con Paul Wolfowitz, que entonces formaba parte de la administración Reagan) en el derrocamiento del ex presidente filipino Ferdinand Marcos, cuando el dirigente asiático intentó hacer valer la soberanía de su país.

Vin Weber. Ex miembro de la Cámara de Representantes, donde fue un firme defensor (no judío) de Israel, Weber cofundó Empower America, de William Kristol, y durante la campaña presidencial de 2000 fue uno de los principales asesores del senador John McCain (republicano de Arizona). Mientras estaba en la Cámara de Representantes, Weber ayudó a sabotear un esfuerzo para obligar al Congreso a investigar el ataque terrorista israelí de 1967 contra el *U.S.S. Liberty*, que se saldó con el asesinato de 34 marineros estadounidenses y la mutilación de otros 172. Weber es también miembro del Consejo de Relaciones Exteriores.

Marshall Wittmann. Aunque judío, Wittman era el director de asuntos legislativos de la Coalición Cristiana pro-Israel. La defensa de Wittmann del "Conservadurismo de Grandeza Nacional" -es decir, la injerencia de EEUU en el extranjero y el uso del poder militar estadounidense en favor de Israel- fue promovida en las páginas del *Weekly Standard* de William Kristol.

Aunque ésta es una instantánea representativa de muchas de las personas de la red Perle-Kristol, no es en absoluto completa. Pero sí ilustra el asombroso poder e influencia que Kristol y sus asociados -los sumos sacerdotes de la guerra- han reunido.

La revista de Kristol, *The Weekly Standard*, es la voz mediática oficialmente reconocida de esta combinación, hasta el punto de que, aunque su tirada real es bastante pequeña, la revista de Kristol es generalmente reconocida por la mayoría de los demás grandes medios de comunicación como sin duda una de las publicaciones más influyentes de Estados Unidos, sin excepción.

¿LA GUERRA DE KRISTOL

Por lo tanto, no fue tan extraordinario que, el 17 de marzo de 2003, el día antes de que Estados Unidos lanzara su guerra contra Irak, Kristol pudiera jactarse en un editorial firmado en el *Weekly Standard* de que "obviamente nos complace que la estrategia para Irak que hemos defendido durante tanto tiempo... se haya convertido en la política del gobierno de Estados Unidos".[66]

Un día después, el 18 de marzo, al comenzar la guerra, *el Washington Post* recordó a sus lectores la influencia de Kristol, señalando que el columnista *del Post* Richard Cohen había declarado en una ocasión que el inminente conflicto era "la guerra de Kristol". *El Post* escribió sobre Kristol que, con las fuerzas estadounidenses a punto de bombardear Bagdad, "parecería ser el momento de Kristol".[67]

Para el atribulado pueblo iraquí y para los soldados estadounidenses y británicos que murieron persiguiendo los objetivos bélicos de los neoconservadores -y para el contribuyente estadounidense, que tiene que pagar las facturas-, éste no era su momento, aunque Kristol y compañía se alegraran.

ABANDONO DE LA POLÍTICA TRADICIONAL ESTADOUNIDENSE

Hemos visto cómo esta nueva forma de "imperialismo conservador", que tiene sus raíces en las filas de una élite de "antiguos" izquierdistas trotskistas -transformados en "neoconservadores" republicanos- se ha hecho con las riendas del poder al más alto nivel de la administración del presidente George

---

[66] *The Weekly Standard*, 17 de marzo de 2003.

[67] "Bill Kristol, Keeping Iraq in the Cross Hairs", *Washington Post*. 18 de marzo de 2003.

W. Bush. Este imperialismo conservador es la base de la actual guerra contra Irak y de las futuras guerras imperiales de EEUU en Oriente Medio y en otros lugares.

Son estos neoconservadores los que apoyan una forma moderna de imperialismo: el concepto de intervencionismo e injerencia de Estados Unidos en el extranjero. La actual guerra contra Iraq es la culminación de un antiguo deseo de los neoconservadores, que ven la guerra como la primera etapa de un plan a largo plazo destinado no sólo a "rehacer el mundo árabe", sino también a convertir a Estados Unidos en la única potencia mundial, con un poderío militar y económico indiscutible.

Esta filosofía política -el "neoconservadurismo"- prácticamente ha reescrito, si no suplantado, la visión "conservadora" tradicional ejemplificada por nacionalistas republicanos como el difunto senador Robert A. Taft, una figura destacada en los asuntos políticos estadounidenses de mediados del siglo XX. Taft y otros como él no creían que fuera deber de Estados Unidos desempeñar el papel de "policía mundial". Taft y sus colegas creían que el primer deber de Estados Unidos era atender las necesidades de su propio pueblo y no interferir en los asuntos de otras naciones.

Al *Washington Post,* de orientación demócrata y muy "liberal" - *quizás el* periódico más poderoso de Estados Unidos-, nunca le han gustado las opiniones conservadoras de "América primero" de Taft y sus herederos políticos.

Sin embargo, en la última década, a medida que el llamado elemento "neoconservador" comenzó a infiltrarse y finalmente a hacerse con el control del movimiento conservador estadounidense y de las altas esferas del Partido Republicano, defendiendo cada vez más una visión agresiva e internacionalista del mundo, el *Post* empezó a actuar como portavoz de los "neoconservadores".

El 21 de agosto de 2001, el *Post* publicó un artículo titulado "¿Imperio o no? A quiet debate over the role of the United States", que formaba parte de una serie de artículos ocasionales dedicados a las "ideas de la derecha". El artículo -que era claramente un buen reclamo publicitario para los "neoconservadores"- comienza con el comentario:

> Quienes se refieren a Estados Unidos como "imperialista" suelen hacerlo como un insulto. Pero en los últimos años, un puñado de intelectuales conservadores ha empezado a argumentar que Estados Unidos actúa efectivamente de forma imperialista y debería asumir ese papel.[68]

Según *el Post*, esta idea de imponer una nueva "Pax Americana" forma parte de una "vigorosa y expansionista política exterior de Reagan" que hace de Estados Unidos, en palabras del *Post*, "un imperio de la democracia o la libertad". Bajo esta nueva forma de imperialismo, EEUU no conquista tierras ni establece colonias a la manera de los antiguos imperios británico y romano, pero "tiene una presencia global dominante militar, económica y culturalmente".[69]

El *Post* señaló, por ejemplo, que uno de los principales defensores de este nuevo imperialismo era Thomas Donnelly, subdirector ejecutivo del Proyecto para el Nuevo Siglo Americano, el think tank de Washington fundado por William Kristol.

FRACASA LA PRIMERA OFENSIVA IMPERIAL

Irónicamente, durante el anterior gobierno de George H. W. Bush -el padre del actual presidente estadounidense- las fuerzas neoconservadoras más duras intentaron y fracasaron en su intento de articular las mismas políticas de poder imperial que el joven Bush persigue hoy.

---

[68] *Washington Post*, 21 de agosto de 2001.

[69] Todas las citas: *Ibid*.

Después de que el primer Presidente Bush decidiera retirarse de Irak durante la primera guerra del Golfo Pérsico, el entonces Secretario de Defensa, Dick Cheney (ahora Vicepresidente), hizo circular un borrador de documento, elaborado bajo la dirección del neoconservador Paul Wolfowitz, que abogaba por el unilateralismo global de Estados Unidos, abandonando las alianzas tradicionales estadounidenses.

Entre otras cosas, la propuesta sugería que Estados Unidos debía considerar una fuerza preventiva del mismo tipo que la que finalmente se utilizó contra Irak en 2003. Sin embargo, cuando el documento se filtró a la prensa, el Presidente Bush, en palabras del autor estadounidense Michael Lind, "se distanció rápidamente [y su administración] del radicalismo del informe Cheney-Wolfowitz".[70]

No fue ninguna sorpresa que Cheney estuviera tan enamorado de la posición neoconservadora. Durante varios años, Cheney estuvo asociado con el lobby israelí vinculado a Richard Perle conocido como el Instituto Judío para Asuntos de Seguridad Nacional (JINSA), fundado por Stephen Bryen, amigo de Perle desde hacía mucho tiempo, que había sido investigado por espiar para Israel. (No fue hasta el advenimiento de la segunda administración Bush -bajo George W. Bush- cuando los neoconservadores se impusieron finalmente y su impulso de una política imperial, centrada en el propuesto asalto a Iraq, se vio finalmente coronado por el éxito.

De hecho, cuando finalmente estalló la guerra de Estados Unidos contra Irak en marzo de 2003, el "tranquilo" debate sobre el imperialismo descrito por el *Washington Post* ya no era tranquilo.

---

[70] *Michael Lind.* Made in Texas: George W. Bush and the Southern Takeover of American Politics *(Nueva York: Basic Books, 2003), p. 131.*

El líder del debate a favor del imperialismo estadounidense era William Kristol, con aliados en la administración Bush como Paul Wolfowitz, ahora número dos del Departamento de Defensa, su adjunto, Douglas Feith, y otros, todos apoyados activamente por Richard Perle, instalado entonces como presidente del Consejo de Política de Defensa de la administración Bush.

Así, una vez que la guerra contra Irak llevaba tiempo en marcha, el concepto de "imperio estadounidense" se convirtió en objeto de debate público en los medios de comunicación de la élite estadounidense y en muchas revistas intelectuales. Como señaló Jeet Heer en el *Boston Globe* el 23 de marzo de 2003, pocos días después del primer ataque estadounidense contra Iraq, "el concepto de imperio estadounidense fue ampliamente debatido en los medios de comunicación de la élite estadounidense y en muchas revistas intelectuales

> Desde los atentados del 11 de septiembre, muchos expertos en política exterior, principalmente de la derecha republicana, pero también algunos internacionalistas liberales, han reexaminado la idea de imperio.

> Estados Unidos es la potencia imperial más magnánima que existe", afirmó Dinesh D'Souza en *The Christian Science Monitor* en 2002. Afganistán y otros países con problemas piden a gritos el tipo de administración exterior ilustrada que antaño proporcionaban los ingleses seguros de sí mismos, con pantalones de montar y cascos", afirmó Max Boot en un artículo de 2001 en *The Weekly* Standard titulado "The Case for American Empire".

> En el *Wall Street Journal*, el historiador Paul Johnson afirmaba que la "respuesta al terrorismo" era el "colonialismo". El columnista Mark Steyn, en el *Chicago Sun-Times*, sostenía que "el imperialismo es la respuesta".

> La gente está saliendo ahora del armario respecto a la palabra 'imperio'", señaló el columnista *del Washington Post* Charles Krauthammer. "El hecho es que ningún país

ha sido tan dominante cultural, económica, tecnológica y militarmente en la historia del mundo desde el Imperio Romano.[71]

De hecho, todos los autores mencionados -D'Souza, Boot, Johnson, Steyn y Krauthammer- forman parte de la enérgica camarilla de analistas mediáticos que promueven la visión neoconservadora del mundo.

OPOSICIÓN DE ESTADOS UNIDOS AL IMPERIALISMO NEOCONSERVADOR

Sin embargo, sigue habiendo oposición a la filosofía imperial de la red "neoconservadora".

Quizá el crítico más conocido de los neoconservadores sea el columnista Pat Buchanan, que enarboló la bandera del nacionalismo estadounidense (frente al internacionalismo y el imperialismo) en su campaña presidencial del año 2000 en la candidatura del Partido Reformista. Buchanan, republicano de toda la vida, se afilió al Partido Reformista tras darse cuenta de que sus esfuerzos por restaurar el nacionalismo tradicional dentro del Partido Republicano no iban a ninguna parte. El libro de Buchanan, *Una república, no un imperio*, era un llamamiento a la oposición popular a la "pax americana".

Así, después de que el deseo de guerra contra Irak se impusiera en los círculos políticos oficiales de la administración Bush, Buchanan ofreció las páginas de su flamante revista *American Conservative* para denunciar los peligros del nuevo imperialismo preconizado por la red de "neoconservadores".

Una exposición particular de la revista de Buchanan, escrita por Andrew Bacevich, coronel retirado del ejército estadounidense y

---

[71] *The Boston Globe*, 23 de marzo de 2003.

profesor de relaciones internacionales en la Universidad de Boston, es probablemente uno de los mejores y más sucintos análisis específicos de lo que constituye el nuevo imperialismo estadounidense:

> A finales de septiembre [de 2002], la Casa Blanca publicó la *estrategia de seguridad nacional de* la administración Bush, que se perdió en las acaloradas discusiones sobre el cambio de régimen en Bagdad.
>
> La USNSS de Bush es la declaración más completa hasta la fecha de las ambiciones globales de Estados Unidos tras la Guerra Fría. En ella, la administración expresa claramente su intención de perpetuar la supremacía militar estadounidense y su voluntad -que roza el ansia- de utilizar la fuerza para remodelar el orden internacional.
>
> Esta nueva estrategia sitúa el enfrentamiento con Sadam Husein en un contexto mucho más amplio, mostrando que el derrocamiento del dictador iraquí es sólo la siguiente etapa de un proyecto de largo alcance, perseguido bajo el disfraz de la "guerra contra el terrorismo", pero que en última instancia pretende rehacer el mundo a nuestra imagen.
>
> De ahí el segundo gran tema de la nueva estrategia de seguridad nacional estadounidense, a saber, el franco reconocimiento y aprobación de la creciente militarización de la política exterior estadounidense.
>
> Por decirlo sin rodeos, la administración Bush ya no ve la fuerza como un último recurso, sino que considera el poder militar como el instrumento más eficaz de la administración estadounidense, el ámbito en el que Estados Unidos tiene más ventaja.
>
> Basándose en el principio de que "nuestra mejor defensa es un buen ataque", la USNSS describe cómo el Presidente Bush pretende explotar al máximo esta ventaja.

Lo hará de dos maneras. En primer lugar, desarrollará las capacidades globales de proyección de poder de Estados Unidos. Estados Unidos, que ya gasta en defensa tanto como el resto del mundo junto, gastará aún más, mucho, mucho más.

El objetivo de este aumento no es responder a una amenaza inminente. La administración Bush está aumentando el presupuesto del Pentágono para lograr un margen de superioridad sin precedentes ni rival, de modo que ningún adversario potencial pueda contemplar la posibilidad de plantear un desafío en el futuro. De este modo, Estados Unidos se asegurará a perpetuidad su estatus de única superpotencia. Las viejas preocupaciones sobre las "voluntades opuestas de Estados poderosos" desaparecerán; a partir de ahora, una sola potencia marcará la pauta.

En segundo lugar, con la codificación en la USNSS del concepto de "autodefensa anticipatoria", el presidente Bush reclama para EEUU la prerrogativa de utilizar la fuerza de forma preventiva y unilateral, según lo requieran sus intereses (esta prerrogativa pertenece exclusivamente a EEUU: la estrategia de Bush advierte expresamente a otras naciones contra "la utilización del derecho de tanteo como pretexto para la agresión"). A diferencia de las aventuras militares reactivas y poco entusiastas de su predecesor, Bush empleará el poder militar estadounidense de forma proactiva y a una escala suficiente para lograr resultados rápidos y decisivos. La perspectiva de un activismo militar estadounidense cada vez mayor -contra terroristas, contra Estados delincuentes, contra criminales de todo tipo- es aterradora.

La estrategia de seguridad nacional de la administración Bush no se detiene en ningún momento en la cuestión de si los recursos de la nación son adecuados para la "gran misión" a la que el destino ha llamado ostensiblemente a Estados Unidos. Al afirmar que la hegemonía mundial de

Estados Unidos es necesariamente benigna y que se puede contar con Washington para hacer un uso juicioso de la Doctrina Bush del Derecho de Tutela, en ninguna parte considera la posibilidad de que otros puedan tener una opinión diferente.

En realidad, sea cual sea su afiliación partidista o su disposición ideológica, los miembros de la llamada élite de la política exterior no pueden concebir una alternativa al "liderazgo mundial", el eufemismo preferido para el imperio global.[72]

Aunque es un "conservador" tradicional -en contraposición al punto de vista "neoconservador"-, Bacevich no es el único que expresa estas preocupaciones en. De hecho, incluso escritores liberales estadounidenses han expresado temores similares sobre el nuevo impulso para crear un imperio estadounidense.

En el periódico progresista *Mother Jones*, el autor Todd Gitlin se hizo eco de gran parte de lo dicho por Bacevich. Gitlin también se refirió al nuevo documento político de la administración Bush y dijo

El documento no está pensado tanto para ser leído como para ser blandido. Es un internacionalismo de tipo imperial, como en Roma, cuando Roma reinaba. Su alcance es sobrecogedor. Roma no podía llegar a ciertas partes del mundo, pero la Doctrina Bush no conoce límites.

Lo sabrá cuando surjan las amenazas, parcialmente formadas, y no tendrá que decir cómo lo sabe, ni ser convincente sobre lo que sabe. La doctrina afirma todas las

---

[72] "Bush's Grand Strategy", Andrew J. Bacevich, *American Conservative*, 4 de noviembre de 2002.

comodidades y no reconoce ninguno de los peligros del imperio.

Ignora los costes del despliegue ilimitado y de la guerra. No reconoce el peligro de que la fanfarronería temeraria ayude a reclutar terroristas. Olvida que todos los imperios caen: cuestan demasiado, crean demasiados enemigos, inspiran imperios opuestos. Los nuevos imperialistas creen que son diferentes. Todos los imperios son diferentes.[73]

Gitlin (acertadamente) concluye que el gobierno estadounidense "está empeñado en el imperio y lo ha dicho en blanco y negro".[74]

APOYO SIONISTA ESTADOUNIDENSE AL IMPERIALISMO

A pesar de estas críticas, intereses muy poderosos de la escena política estadounidense han acogido con satisfacción el nuevo imperialismo que persigue la administración Bush. Este apoyo queda ilustrado por un notable ensayo de Norman Podhoretz en el número de septiembre de 2002 de la revista *Commentary*, la influyente revista neoconservadora publicada por la influyente rama neoyorquina de, el Comité Judío Estadounidense, una de las principales organizaciones sionistas en suelo estadounidense.

Como hemos visto, Podhoretz fue uno de los "padres fundadores" de la red neoconservadora que acabó asumiendo el poder supremo en los consejos de gobierno de la administración Bush. Podhoretz, uno de los primeros protegidos del padre de William Kristol, Irving Kristol, el "padrino" de los neoconservadores, sigue siendo hoy una figura muy respetada del movimiento neoconservador.

---

[73] "America's age of empire", Todd Gitlin. *Mother Jones*, enero/febrero. 2003.

[74] Gitlin, *Ibid*.

La evaluación de Podhoretz de las nuevas políticas resulta por tanto especialmente interesante, sobre todo porque Podhoretz admite de buen grado que el objetivo último de la política de Bush, si se lleva hasta el final, sería la subyugación del Oriente Medio árabe tal y como lo conocemos hoy.

En su ensayo, Podhoretz afirma, de forma un tanto mística, que tras la tragedia terrorista del 11 de septiembre que sacudió a Estados Unidos, "una especie de revelación, ardiendo con un fuego muy distinto al suyo, iluminó los recovecos de la mente, el corazón y el alma de Bush".

Es decir", añade Podhoretz, "que George W. Bush, que no sabía por qué había sido elegido Presidente de los Estados Unidos, ahora *sabía* que el Dios al que, como cristiano renacido, se había comprometido, le había colocado en el Despacho Oval con un propósito específico. Le había colocado allí para hacer la guerra contra el mal del terrorismo".[75]

Así que Podhoretz parece sugerir que Bush fue empujado por el camino del imperialismo y la guerra contra el mundo árabe por sus opiniones cristianas fundamentalistas (¡y Podhoretz probablemente tenga razón!). (Podhoretz continuó comentando que el primer gran discurso de Bush el 20 de septiembre, después de los ataques terroristas, "bien podría haber sido el mejor discurso presidencial de nuestro tiempo", añadiendo enfáticamente que Bush estaba de hecho abandonando incluso las opiniones de su propio padre.

---

[75] "Elogio de la doctrina Bush", Norman Podhoretz, *Commentary*, septiembre de 2002.

Fue aquí, dijo Podhoretz, donde se anunció al mundo la conversión de Bush de un "realista" convencional en el molde de su padre a un "idealista" democrático en el molde de Reagan.[76]

Al declarar su apoyo a la nueva agenda de Bush, Podhoretz alabó las consecuencias últimas de esta política tal y como Podhoretz y sus compañeros neoconservadores la ven:

> Los regímenes que bien merecen ser derrocados y sustituidos no se limitan a los tres miembros del eje del mal [es decir, Irak, Irán y Corea del Norte].

> Como mínimo, el eje debería extenderse a Siria, Líbano y Libia, así como a los "amigos" de Estados Unidos, como la familia real saudí y Hosni Mubarak en Egipto, y a la Autoridad Palestina, ya esté dirigida por Arafat o por uno de sus secuaces.

> No se puede negar que la alternativa a estos regímenes podría fácilmente resultar peor, incluso (o especialmente) si llegara al poder a través de elecciones democráticas. Al fin y al cabo, se mire por donde se mire, un gran número de personas del mundo musulmán simpatizan con Osama bin Laden y votarían a candidatos islámicos radicales de su calaña si tuvieran la oportunidad.

> Descartar esta posibilidad sería el colmo de la ingenuidad. Sin embargo, existe una política que puede evitarla, siempre que Estados Unidos tenga la voluntad de librar la cuarta guerra mundial -la guerra contra el islam militante- y que entonces tengamos el valor de imponer una nueva cultura política a las partes derrotadas.

---

[76] *Ibid.*

> Esto es lo que hicimos directamente y sin vacilar en Alemania y Japón tras ganar la Segunda Guerra Mundial... Una canción se hizo popular en Estados Unidos durante la Segunda Guerra Mundial: "Lo hemos hecho antes y podemos volver a hacerlo". Lo que intento decir a los escépticos y derrotistas de hoy es que sí, lo hemos hecho antes y sí, podemos hacerlo de nuevo.[77]

Obviamente, se trata de palabras y suposiciones agresivas y belicosas. Pero el hecho es que estas palabras representan un punto de vista que ha alcanzado una influencia suprema en los niveles más altos de la administración que gobierna la nación más poderosa del planeta.

LOS MILITARES SE ENFRENTAN A LOS NEOCONSERVADORES

Sin embargo, la cúpula militar estadounidense no estaba de acuerdo con los neoconservadores en que una invasión de Irak provocaría un levantamiento masivo del pueblo iraquí contra Sadam (en alianza con las fuerzas estadounidenses) ni en que el resto del mundo árabe se quedaría de brazos cruzados y satisfecho. Los militares estadounidenses tampoco querían ir a la guerra. Los líderes militares no veían la necesidad de que Estados Unidos entrara en conflicto con Irak, por considerar que una guerra de ese tipo era contraria a los intereses nacionales estadounidenses.

La idea de que los líderes militares estadounidenses estaban de algún modo a favor de la guerra contra Irak era un mito ampliamente propagado por la red de propaganda neoconservadora proisraelí del Washington oficial, con el apoyo

---

[77] *Ibid.*

activo de los elementos proisraelíes de los medios de comunicación estadounidenses.

Tras los atentados terroristas del 11 de septiembre de 2001, los titulares de los medios de comunicación y los tertulianos de las cadenas de televisión estadounidenses repitieron una y otra vez que el "Pentágono" estaba preparando una invasión de Irak liderada por Estados Unidos, a pesar de que no había pruebas reales de la instigación o implicación de Irak en los atentados (y hasta la fecha no ha salido a la luz ninguna prueba de ese tipo). (En cualquier caso, en la mente del estadounidense medio, la idea de que la guerra estaba siendo promovida por el "Pentágono" conjuraba imágenes populares de generales y almirantes adorados, heroicos, luchadores, ganadores de medallas y deseosos de "atrapar a Sadam".

Sólo había un gran problema con la información difundida por los medios de comunicación estadounidenses. La verdad es que los militares de carrera del Pentágono no pensaban que una invasión de Irak fuera posible o necesaria. La veían como un desastre potencial para Estados Unidos, que probablemente alinearía a Estados Unidos (solo con Israel) contra todo el mundo árabe y musulmán. De hecho, fue precisamente debido a la oposición de los militares a la guerra contra Iraq que la red neoconservadora proisraelí comenzó, al más alto nivel de la administración Bush, a preparar insidiosamente el terreno para expulsar a los líderes militares estadounidenses que se opusieran a la participación de Estados Unidos en una guerra contra Iraq. Este hecho poco notorio fue enterrado en un extenso informe publicado en el *Washington Post* el 1 de agosto de 2002. Según el autor del *Post*, Thomas E. Ricks:

> En una reunión celebrada el 10 de julio por el Defense Policy Board, grupo asesor del Pentágono, uno de los temas tratados fue cómo superar la reticencia de los militares a planificar un ataque contra Irak de forma innovadora.
>
> "Lo que se discutió fue el problema de los servicios", dijo un experto en defensa que asistió a la reunión. Su

conclusión: "Tienen que rodar algunas cabezas, sobre todo en el ejército".[78]

No es casualidad que el Consejo de Política de Defensa (DPB) esté detrás de un plan para "golpear cabezas" dentro del ejército.

Aunque aparentemente "independiente", la OBP estaba dominada en aquel momento (y sigue estándolo) por Richard Perle, quien, aunque nunca sirvió en el ejército estadounidense, amasó una fortuna con la venta de armas para el complejo militar-industrial israelí y pasó años promoviendo compromisos militares estadounidenses para defender los intereses de Israel.

En relación con el actual conflicto entre los neoconservadores civiles proisraelíes y los líderes militares, el *Post* afirmó categóricamente el 28 de julio de 2002 que:

> A pesar de las repetidas declaraciones belicosas del presidente Bush sobre Irak, muchos altos mandos militares estadounidenses sostienen que el presidente Sadam Husein no representa una amenaza inmediata y que Estados Unidos debe continuar su política de contención en lugar de invadir Irak para forzar un cambio de liderazgo en Bagdad.

> El apoyo de los militares a la contención y su preocupación por las posibles consecuencias negativas de un ataque contra Irak son compartidos por altos funcionarios del Departamento de Estado y de la CIA, según personas familiarizadas con las discusiones entre agencias.[79]

Sin embargo, el *Post* señaló que "altos civiles de la Casa Blanca y del Pentágono están en total desacuerdo": "Senior civilians in the White House and Pentagon strongly disagree". Estos "altos"

---

[78] *The Washington Post*, 1 de agosto de 2002.

[79] *The Washington Post*, 28 de julio de 2002.

civiles no identificados eran halcones de guerra neoconservadores como Perle y su antiguo socio y aliado más cercano en la administración Bush, el subsecretario de Defensa Paul Wolfowitz y su lugarteniente, Douglas Feith.

El Washington Post también informó de que, aunque "el personal militar en activo no ha cuestionado públicamente la orientación de la política de Bush en Iraq [en] privado, algunos tienen serias dudas al respecto". El *Post* añadía

> Los oficiales retirados y los expertos, que permanecen en contacto con los altos mandos y tienen libertad para decir lo que los militares en activo no pueden, apoyan más abiertamente la política de contención y cuestionan la aparente determinación de la administración de abandonarla.[80]

El Secretario de Estado Colin Powell, que participó en dos misiones de combate en Vietnam, se alineó inicialmente con los altos mandos del ejército para oponerse a la guerra de Irak. El general Tommy Franks, que acabó dirigiendo la guerra de Estados Unidos contra Irak, también se opuso a la guerra.

Incluso el número de junio de 2002 de *The Washington Monthly* -*una* revista liberal eminentemente "mainstream"- publicó un artículo de portada sobre el grupo "Get Iraq" y reconoció francamente de quién se trataba: la mayoría de las personas en cuestión, admitía la revista, son "judías, apasionadamente proisraelíes y pro-Likud".[81] La revista señala que los "halcones" neoconservadores están "unidos por una idea común: Estados

---

[80] *Ibid.*

[81] Washington Monthly, *junio de 2002.*

Unidos no debe tener miedo de utilizar su poder militar pronto y a menudo para promover sus intereses y valores".[82]

Sin embargo, como afirma el *Washington Monthly*, esta filosofía de ruido de sables "es una idea que enfurece a la mayoría de los miembros del establishment de seguridad nacional del Pentágono, el Departamento de Estado y la CIA, que creen que la fuerza militar de Estados Unidos debe usarse raramente y sólo como último recurso, preferiblemente en concierto con los aliados".[83]

Sin embargo, esta minoría agresiva y beligerante de espadachines ha llegado a lo más alto del poder dentro del Washington oficial y ahora está haciendo sentir su influencia.

De hecho, a medida que se intensificaba el ímpetu bélico, la "guardia de palacio" proisraelí dirigida por Paul Wolfowitz y el Secretario de Defensa de su entorno, Donald Rumsfeld, intentaron remodelar el Pentágono, oponiéndose a los altos mandos militares estadounidenses que se oponían a librar guerras imperiales sin sentido en todo el mundo que nada tenían que ver con la defensa de Estados Unidos.

Aunque muchos estadounidenses de a pie creían que la administración Bush y el Secretario de Defensa Donald Rumsfeld contaban con el firme apoyo de los líderes militares estadounidenses, la verdad era bien distinta.

Aunque Bush llegó al poder con el apoyo entusiasta de las familias de los militares estadounidenses, lo cierto es que los líderes militares en activo del Pentágono estaban muy descontentos con Rumsfeld y sus socios neoconservadores, como Wolfowitz.

---

[82] *Ibid.*

[83] *Ibid.*

Un revelador perfil de Rumsfeld, publicado en el *Washington Post* el 16 de octubre de 2002, dejaba al descubierto algunos detalles poco conocidos sobre los esfuerzos de Rumsfeld y su "guardia de palacio" proisraelí por hacerse con el control del Pentágono. Describiendo el Pentágono como "lleno de tensión", el *Post* afirmaba sin rodeos que:

> Muchos oficiales superiores del Estado Mayor Conjunto y de todas las ramas del ejército describen a Rumsfeld como frecuentemente abusivo e indeciso, confiando sólo en un pequeño círculo de asesores cercanos, aparentemente deseoso de abofetear a oficiales con décadas de buen y leal servicio.
>
> La insatisfacción es tal que, al parecer, los tres secretarios de servicio [ejército, marina y fuerza aérea] están profundamente frustrados por la falta de autonomía y se plantean abandonar el cargo a finales de año.
>
> Los tres están limitados en sus acciones por Rumsfeld y su llamada "guardia de palacio", según fuentes internas del Pentágono.[84]

Aunque el *Post* no da nombres, la identidad de la "guardia de palacio" no es ningún misterio. Un asesor de defensa declaró al *Post* que "la profundidad de la desafección es realmente sorprendente", añadiendo que, en su opinión, "Rumsfeld está cortejando una rebelión". El *Post* afirmaba que Rumsfeld y sus socios tenían a los 1.200 miembros del Estado Mayor Conjunto "en el punto de mira".[85]

Rumsfeld y Wolfowitz intentaban limitar la capacidad de los altos mandos militares estadounidenses para hablar con el Congreso,

---

[84] The Washington Post, *16 de octubre de 2002.*

[85] Todas las citas, *Ibid.*

las agencias gubernamentales y los medios de comunicación, privando al Estado Mayor Conjunto de sus oficinas de enlace legislativo, asesoría jurídica y asuntos públicos, que en el pasado, según el *Post*, "han dado a los oficiales militares cierto grado de autonomía al proporcionarles canales directos de acceso al Congreso, a otras partes del gobierno y a los medios de comunicación".[86]

De hecho, lo que la camarilla neoconservadora de Rumsfeld intentaba era aislar a la cúpula militar estadounidense de la opinión pública, sabiendo que si un mayor número de ciudadanos sabía que los militares se oponían a la guerra contra Irak, lo más probable era que la opinión pública -del mismo modo- compartiera esa opinión, confiando convencionalmente en el criterio de los militares.

Al final, como ahora sabemos, los "neoconservadores" se impusieron y las advertencias de los militares fueron ignoradas y dejadas de lado, para disgusto de los militares. *Los acontecimientos de Irak han confirmado desde entonces los temores de los militares.*

EL LIKUD AMERICANO: LOS NEOCONSERVADORES

Lo que sigue siendo la fuerza rectora de la filosofía "neoconservadora" que sustenta este sueño de imperialismo estadounidense es quizás la cuestión más "controvertida" en Estados Unidos hoy en día: el papel del sionismo israelí de línea dura al estilo del Likud en la configuración de las políticas de los "neoconservadores" que dirigen la política de la administración Bush.

---

[86] *Ibid.*

Para comprender el curso de los asuntos mundiales en la actualidad, es esencial reconocer que los responsables políticos neoconservadores que impulsan el motor del poder en Washington son, en efecto, en su mayoría judíos y, además, están comprometidos con el sionismo de "derechas".

El escritor Michael Lind, duro crítico de los principios neoconservadores, resume los "tres pilares" de la doctrina globalista que se persigue

> "El unilateralismo estadounidense, la guerra preventiva y la alineación de la política exterior estadounidense con la del líder israelí de derechas Ariel Sharon. Cada uno de estos elementos de la gran estrategia de George W. Bush representaba una ruptura radical con la anterior política exterior estadounidense".[87]

Notablemente, un escritor judío estadounidense ha resumido los sueños sionistas que guían la política de Bush, particularmente con respecto a Irak, para la revista *Time*, una publicación controlada por intereses financieros judíos que gravitan alrededor de la poderosa familia de Edgar Bronfman, durante mucho tiempo jefe del Congreso Judío Mundial. En un ensayo titulado "Cómo Israel está envuelto en Irak", el columnista de *Time* Joe Klein escribe con franqueza

> Un Israel más fuerte es parte integrante de la justificación de la guerra contra Irak. Forma parte del argumento que no se atreve a pronunciar su nombre, una fantasía mantenida en silencio por la facción neoconservadora de la administración Bush y por muchos líderes de la comunidad judía estadounidense.

---

[87] *Michael Lind.* Made in Texas: George W. Bush and the Southern Takeover of American Politics *(Nueva York: Basic Books, 2003), pp. 133-134.*

La fantasía se basa en una teoría del dominó. La destrucción del Irak de Sadam no sólo eliminará a un enemigo de larga data, sino que también cambiará la ecuación fundamental de poder en la región. Enviará un mensaje a Siria e Irán sobre los peligros de apoyar a los terroristas islámicos.

También enviará un mensaje a los palestinos: Democratizarse y firmar la paz en condiciones israelíes, u olvidarse de la idea de un Estado propio. En el escenario más descabellado, esto llevaría al colapso de la monarquía hachemita en Jordania y a la creación de un Estado palestino en la costa oriental de ese país.

Nadie en el gobierno dice nunca estas cosas públicamente (aunque algunos líderes judíos estadounidenses sí lo hacen). Normalmente, el sueño se expresa en los términos más suaves posibles: "Tengo la esperanza de que la eliminación de Sadam refuerce a nuestros aliados democráticos en la región", me dijo el senador Joe Lieberman la semana pasada.[88]

El hecho de que la guerra contra Irak y la política general que la guía se basen en la filosofía de los elementos de extrema derecha del Likud en Israel y de sus aliados neoconservadores en Estados Unidos, al frente de la administración Bush, se está convirtiendo ahora en un tema abierto de debate.

Al mismo tiempo, los neoconservadores belicistas han empezado a abrir una brecha entre Estados Unidos y sus aliados europeos.

---

[88] time.com, 5 de febrero de 2003.

LOS NEOCONSERVADORES ATACAN A LOS CRÍTICOS EUROPEOS

Los líderes del movimiento "neoconservador" proisraelí en Estados Unidos han iniciado (y continúan) una campaña implacable y descarada para promover el "antieuropeísmo" entre los estadounidenses.

Sin embargo, probablemente pocos estadounidenses comprendan las fuerzas geopolíticas que hay detrás de esta campaña.

Este "antieuropeísmo" surgió precisamente en un momento en que los gobiernos europeos y un gran número de ciudadanos europeos rechazaban en voz alta el llamamiento del eje Estados Unidos/Israel/Britania a la guerra contra Irak y planteaban cuestiones sobre la brutal política de Israel hacia los palestinos. Esta situación horrorizó a los neoconservadores.

La campaña antieuropea de los neoconservadores ha llegado a tal punto que incluso el número del 13 de febrero de 2003 de la *New York Review of Books*, destacado órgano "liberal" conocido por sus simpatías hacia Israel, publicó un detallado artículo en el que se describía el ataque de los neoconservadores a los críticos europeos de Israel.

En un artículo titulado "Anti-Europeanism in America", el autor Timothy Garton Ash ha recopilado una creciente lista de escritores neoconservadores que han apuntado sus armas contra Europa. Encabeza la lista Richard Perle, que sostiene que Europa ha perdido su "brújula moral".

Por si alguien no entiende la razón de esta nueva antipatía hacia Europa entre los neoconservadores, el artículo de Ash explica lo esencial: "Oriente Medio es tanto una fuente como un catalizador de lo que amenaza con convertirse en una espiral descendente de floreciente antiamericanismo europeo y naciente antieuropeísmo estadounidense, uno reforzando al otro".[89]

En otras palabras, sencillamente: Israel y su poderoso lobby estadounidense están en el centro -de hecho, son la causa- del conflicto, aunque Ash no lo exprese exactamente así. Ash escribió:

> El antisemitismo en Europa y su supuesta relación con las críticas europeas al gobierno de Sharon han sido objeto de los más ácidos comentarios antieuropeos por parte de editorialistas y políticos conservadores estadounidenses.

> Algunos de estos críticos no sólo son fuertemente pro-israelíes, sino también "Likudistas naturales", explicó un comentarista judío liberal...

> En un artículo reciente, Stanley Hoffman escribe que parecen creer en una "identidad de intereses entre el Estado judío y Estados Unidos".[90]

Casi como algo natural, uno de los colaboradores de Richard Perle y William Kristol en la nueva campaña "antieuropea", Robert Kagan, se unió vocalmente al duro coro para promover el antieuropeísmo entre los lectores del *Washington Post*, el influyente diario publicado en la capital de la nación. La columna de opinión de Kagan del 31 de enero de 2003 era un auténtico manual de la cruzada neoconservadora "Odio a Europa". Kagan escribió

> En Londres... puedes encontrar a las mentes más brillantes de Gran Bretaña propagando, en un lenguaje sofisticado y con un melodioso acento de Oxford, teorías conspirativas...

---

[89] New York Review of Books, *13 de febrero de 2003*

[90] *Ibid.*

sobre el secuestro de la política exterior estadounidense por parte de los 'neoconservadores' (léase: judíos)... En París, se habla de petróleo e "imperialismo" (y de judíos). En Madrid, se habla de petróleo, imperialismo, el pasado apoyo americano a Franco (y los judíos).

En una conferencia a la que asistí recientemente en Barcelona, un estimado intelectual español preguntó por qué, si Estados Unidos quiere derrocar dictaduras viciosas que fabrican armas de destrucción masiva, no invade también Israel.

Sí, lo sé, hay estadounidenses que también se hacen este tipo de preguntas... Pero esto es lo que los estadounidenses tienen que entender: en Europa, este antiamericanismo paranoico y conspirativo no es un fenómeno de extrema izquierda o de extrema derecha. Es la corriente dominante.[91]

Así es como los aliados europeos tradicionales de Estados Unidos se aliaron contra Estados Unidos y los dictadores políticos neoconservadores que encabezaban un nuevo imperialismo. Se trata de una fórmula que, según muchos críticos estadounidenses de los neoconservadores, acabaría resultando desastrosa, no sólo para Estados Unidos, sino para el mundo en su conjunto.

LA ALIANZA ENTRE BUSH Y SHARON

Así pues, aunque la política tradicional estadounidense ha sido arrojada por la puerta -para consternación de muchos críticos elocuentes de la filosofía neoconservadora-, hay otro factor sobre la base de la visión neoconservadora que debe considerarse: el

---

[91] *Washington Post*, 13 de enero de 2003.

impacto resultante sobre el aspecto específico de la "relación especial" de Estados Unidos con Israel.

Aunque los gobiernos estadounidenses, ya sean demócratas o republicanos, siempre han apoyado mucho a Israel, lo cual no es ningún secreto, lo cierto es que el ascenso de los neoconservadores en la administración Bush ha llevado a una fusión virtual de la política exterior estadounidense con la visión de "derecha dura" del Likud sobre Ariel Sharon e Israel.

En un artículo publicado en el *Washington Post* el 9 de febrero de 2003, Robert G. Kaiser definía los parámetros de la inquebrantable alianza de la administración Bush con la "derecha" israelí. El artículo de Kaiser, titulado "Bush and Sharon Nearly Idéntica on Mideast Policy", afirmaba sin rodeos el poder de los "neoconservadores" en la configuración del enfoque de la administración hacia Israel y el mundo árabe. El artículo decía, en parte

> Por primera vez, una administración estadounidense y un gobierno del Likud en Israel aplican políticas casi idénticas. Las anteriores administraciones estadounidenses, desde Jimmy Carter hasta Bill Clinton, mantuvieron al Likud y a Sharon a distancia, distanciando a Estados Unidos del tradicional enfoque duro del Likud hacia los palestinos. Pero hoy... Israel y Estados Unidos comparten una visión común del terrorismo, la paz con los palestinos, la guerra contra Irak, etc.

> El alineamiento de la administración Bush con Sharon complace a muchos de sus más fervientes partidarios, en particular a los cristianos evangélicos, así como a gran parte del judaísmo estadounidense organizado, según los líderes de estos dos grupos, que afirman que el terrorismo palestino impulsó a Bush a adoptar su nueva postura.

> "Los Likudniks están realmente al mando ahora", dijo un alto funcionario del gobierno, utilizando un término yiddish

para referirse a los partidarios del partido político de Sharon.

Algunos especialistas en Oriente Medio que discrepan de estos partidarios de Israel los califican de "cábala", en palabras de un antiguo funcionario. Los miembros del grupo no ocultan sus amistades y relaciones, ni su fidelidad a posiciones firmes a favor de Israel y del Likud.

Richard Perle, presidente del Consejo de Política de Defensa del Pentágono, dirigió un grupo de estudio que propuso a Binyamin Netanyahu, primer ministro Likud de Israel de 1996 a 1999, que abandonara los acuerdos de paz de Oslo negociados en 1993 y rechazara su base, a saber, la idea de intercambiar "tierra por paz". El informe de 1996 sugería que Israel debía insistir en el reconocimiento árabe de su reivindicación de la tierra bíblica de Israel y "concentrarse en sacar a Sadam Husein del poder en Irak".

Además de Perle, el grupo de estudio incluía a David Wurmser, actual Asistente Especial del Subsecretario de Estado John R. Bolton, y a Douglas J. Feith, actual Subsecretario de Defensa para Política. Feith ha escrito extensamente sobre cuestiones árabe-israelíes durante años, argumentando que Israel tiene un derecho tan legítimo sobre los territorios de Cisjordania arrebatados tras la Guerra de los Seis Días como sobre las tierras que formaban parte del Estado de Israel creado en 1948 bajo los auspicios de la ONU.

Un debate interno ha dividido a la administración y ha suscitado la presión de grupos de reflexión, organizaciones judías, cristianos evangélicos y otros interesados en Oriente Medio...

En los últimos doce años, los partidarios del partido Likud de Sharon han llegado a ocupar altos cargos en la mayoría de las organizaciones judías estadounidenses que prestan apoyo financiero y político a Israel.[92]

Poco después, en el *Washington Times* -el "rival" neoconservador del más "liberal" *Washington* Post- el conocido periodista Arnaud de Borchgrave se hacía eco de las opiniones de Kaiser y ampliaba el tema de la nueva alianza entre los regímenes de Bush y Sharon. En un artículo titulado "Una doctrina Bush-Sharon", de Borchgrave escribe, en parte

> Los objetivos estratégicos de Estados Unidos e Israel en Oriente Medio se han fusionado gradualmente en una doctrina Bush-Sharon coherente. Pero esto se pierde en la ensordecedora cacofonía de cabezas parlantes que juegan a ser generales de sillón en la próxima guerra para cambiar los regímenes en Bagdad.

> Sharon proporcionó la munición geopolítica convenciendo a Bush de que la guerra contra el terrorismo palestino era idéntica a la guerra global contra el terrorismo. A esto siguió una campaña para convencer a la opinión pública estadounidense de que Sadam Husein y Osama Bin Laden eran aliados en su guerra contra Estados Unidos. Una supuesta reunión secreta en Praga, en abril de 2001, entre Mohamed Atta -el principal terrorista suicida del 11 de septiembre- y un agente de los servicios de inteligencia iraquíes dio el pistoletazo de salida. Desde entonces, las historias sobre el vínculo entre Sadam y Al Qaeda se han convertido en una industria artesanal.

> Bin Laden esperaba claramente utilizar la invasión estadounidense de un país musulmán para reclutar a miles de personas más para su causa. Pero el vínculo entre Sadam y Bin Laden fue sólo el primer paso de la doctrina Bush-

---

[92] *The Washington Post*, 9 de febrero de 2003.

Sharon. El objetivo estratégico es la antítesis de la estabilidad en Oriente Medio.

La desestabilización de los "regímenes despóticos" viene a continuación. En el juego de bolos árabe, una bola dirigida contra Sadam está destinada a producir un golpe de 10 que desestabilizaría los regímenes autoritarios y/o despóticos de Irán, Siria, Arabia Saudí y los demás emiratos y jeques del Golfo.

La estrategia global tiene su origen en un documento publicado en 1996 por el Instituto de Estudios Estratégicos y Políticos Avanzados, un think-tank israelí. El documento se titulaba "A Clean Break: A New Strategy for Securing the Realm" y fue concebido como un plan político para el nuevo gobierno de Benjamín Netanyahu, un supervigilante en la pajarera política israelí.

Israel, según el documento de 1996, debía "configurar su entorno estratégico", empezando por la destitución de Sadam Husein y la restauración de la monarquía hachemí en Bagdad. La monarquía iraquí fue derrocada por un golpe militar en 1958, cuando fue asesinado el joven rey Faisal, primo del difunto rey Hussein de Jordania.

La hoja de ruta estratégica -que hasta la fecha han seguido fielmente Netanyahu y su sucesor Sharon- pedía el abandono de los Acuerdos de Oslo "en virtud de los cuales Israel no tiene ninguna obligación si la OLP no cumple las suyas". Yaser Arafat cometió un error garrafal al obligar a Israel.

"Nuestra reivindicación de la tierra -a la que nos hemos aferrado durante 2.000 años- es legítima y noble", continuaba el documento. "Sólo la aceptación incondicional por parte de los árabes de nuestros derechos, particularmente en su dimensión territorial, constituye una base sólida para el futuro.[93]

Lo notable es que la "hoja de ruta estratégica" para Israel mencionada por de Borchgrave (y también citada por Kaiser) no fue sólo producto de una institución israelí. Los autores, como señala Kaiser, eran estadounidenses, concretamente Richard Perle, Douglas Feith, John R. Bolton y David Wurmser, todos ellos responsables políticos "neoconservadores" clave de la administración Bush.

OPINIÓN EN ISRAEL...

Aunque todo esto puede haber sido una "revelación" para los lectores *del Washington Post* y el *Washington Times -que* generalmente sólo varían en su grado de servilismo a las exigencias políticas del lobby israelí en Washington-, no fue ninguna sorpresa para el pueblo de Israel.

Dos (de los muchos) informes de la prensa israelí sobre comentarios de dirigentes israelíes demuestran que los motivos de los responsables políticos "neoconservadores" formaban parte de hecho de un gran diseño muy en sintonía con el bloque fanático Likud de Israel:

> ... En los territorios [ocupados], en el mundo árabe y en Israel, el apoyo de Bush a Sharon se atribuye al lobby pro-Israel, es decir, al dinero judío y a la derecha "cristiana".
>
> -Escritor israelí Akiva Eldar, *Ha'aretz*, 26 de abril de 2002
>
> "Sharon se esfuerza por mostrar los resultados conseguidos durante sus 20 meses en el poder... un ataque americano a

---

[93] *Washington Times*, 14 de febrero de 2003.

Irak es visto como la palanca que puede sacar a Israel de su atolladero económico, de seguridad y social....."

-Corresponsal israelí Aluf Benn, *Ha'aretz*, 18 de noviembre de 2002

A pesar de todo ello, el único periódico estadounidense independiente que siempre se ha atrevido a criticar a los "neoconservadores" y al lobby israelí por Israel y a interesarse por sus actividades -*American Free Press*- fue quizá menos circunspecto que los "grandes nombres" de publicaciones de élite *como el Washington Post* y el *Washington Times* cuando resumió la nueva alianza de la administración Bush con el régimen de Sharon.

LA POLÍTICA DE BUSH – "GRAN ISRAEL"

Mucho antes de que los principales diarios de Washington pregonaran la alianza Bush-Sharon, la *Prensa Libre estadounidense* afirmaba sin rodeos que las políticas de Bush formaban parte de un plan para hacer realidad el sueño sionista de un "Gran Israel".

Según el informe de *American Free Press:* En concierto con la fuerza fanática del sionismo imperial militante, Big Oil está planeando una ofensiva total para hacerse con el control de la riqueza petrolera de todo Oriente Medio. Las compañías petroleras internacionales angloamericanas sueñan con deshacerse de sus socios en las dinastías árabes ricas en petróleo que controlan los campos petrolíferos. Los barones del petróleo quieren el petróleo para ellos. Al mismo tiempo, los fanáticos sionistas -cristianos y judíos- sueñan con desmantelar los Estados árabes y ampliar las fronteras de Israel a un "Gran Israel" que se extienda "desde el Nilo hasta el Éufrates".

Con semejante convergencia de intereses, basada en una mezcla letal de ideología, beneficios y poder geopolítico, el sionismo y las grandes compañías petroleras han encontrado un terreno común. Como tales, ahora se esfuerzan por establecer una hegemonía en Oriente Medio sobre la riqueza petrolera del mundo árabe. La campaña contra Irak fue sólo el principio.

El hecho de que los demás Estados árabes de Oriente Próximo hayan declarado firmemente su oposición al planeado asalto estadounidense a Iraq ha convertido a estos Estados en otros enemigos a los que masacrar. La vieja aspiración sionista de un "Gran Israel" no es ahora más que una tapadera para que los conglomerados petroleros se hagan con el control absoluto del petróleo árabe, de una vez por todas. El primer paso fue la eliminación de Saddam Hussein.

Irak es sólo la primera ficha de dominó destinada a caer. Los demás Estados árabes son los siguientes. La eliminación de los regímenes árabes existentes satisfará las demandas de los partidarios de la línea dura de Israel, pero también allanará el camino para que los conglomerados petroleros controlen el petróleo de Oriente Medio.

No es casualidad que el gobierno de George W. Bush sea la fuerza impulsora de la consecución de este objetivo. Nacido en el seno de una familia envuelta desde hace tiempo en las intrigas de la élite petrolera angloamericana, Bush, al igual que su padre, ha sido a la vez aliado de Israel y, cuando las circunstancias lo han exigido, opuesto al Estado sionista.

The American Free Press señaló que en el libro *Friends In Deed: Inside the U.S.-Israel Alliance,* los escritores Dan Raviv y Yossi Melman, afincados en Israel, hablaron con franqueza de la hostilidad de Israel hacia Bush padre durante su único mandato, un punto del que pocos estadounidenses son conscientes, incluso entre los más ardientes admiradores republicanos de la familia Bush.

Por ello, los israelíes tienen poca confianza en la familia Bush. Sin embargo, es un Bush quien está en la Casa Blanca y quien controla el arsenal militar estadounidense. Israel reconoce que el poder militar estadounidense es lo único que puede garantizar la supervivencia de Israel en un mundo cada vez más hostil a sus objetivos. Así que Bush y sus aliados de las grandes petroleras ven una alianza con Israel como una necesidad.

La influencia sionista en los asuntos estadounidenses - especialmente en el ámbito del control de los medios de comunicación- ha alcanzado su cenit. Es más, la "derecha cristiana" pro-Israel - dominada por gente como Jerry Falwell, Pat Robertson, Tim LaHaye, etc. - es extremadamente influyente en las filas del partido republicano, lo que sitúa a la base republicana de Bush firmemente en el campo del sionismo. - es extremadamente influyente en las filas del Partido Republicano, lo que sitúa a la base republicana de Bush firmemente en el campo de Israel. Al mismo tiempo, irónicamente, la posición de Israel nunca ha sido más precaria.

Afortunadamente para Israel, sin embargo, los acontecimientos del 11 de septiembre cerraron el círculo de la incómoda alianza entre el sionismo político y las fuerzas plutocráticas de las grandes petroleras. El ex analista de la CIA George Friedman, partidario de Israel, comentó el 11 de septiembre en su muy citado sitio web, www.strat-for.com, apenas unas horas después de los trágicos atentados: "El gran ganador de hoy, lo haya querido o no, es el Estado de Israel.

Junior Bush ha llevado fuerzas militares estadounidenses al corazón del mundo árabe con el fin de establecer un consorcio geopolítico en el que el poder militar estadounidense pueda utilizarse para "domesticar" a los árabes y hacerse con el control de su petróleo. Al hacerlo, Bush se está beneficiando de todo el poder propagandístico de los medios de comunicación dominados por los sionistas.

Open Secrets, escrito por el fallecido académico israelí y crítico del sionismo, Israel Shahak, expone francamente la política exterior de Israel como una amenaza para la paz mundial. Shahak sostiene que es un mito creer que existe alguna diferencia real entre las políticas supuestamente "de confrontación" de los bloques "opuestos" del Likud y el Laborismo de Israel, ambos partidarios de una expansión destinada a consolidar "Eretz Israel", un Estado imperial que controla prácticamente todo Oriente Próximo. Israel, afirma, es un Estado militarista: sus políticas están dictadas por fanáticos religiosos fundamentalistas que ahora dominan la élite militar y los servicios de inteligencia de Israel.

Si las fuerzas estadounidenses destruyen a Sadam y ocupan Irak, predice *la American Free Press*, Israel será un socio clave en el consorcio, en virtud de la influencia de Israel en Washington y en los medios de comunicación. La ocupación de Iraq -incluso la instalación de un régimen títere- constituiría una expansión efectiva de las fronteras de Israel, cumpliendo así una parte considerable del sueño del *"Gran Israel"*. Pero, ¿a qué precio para el pueblo estadounidense

"DESTRUCCIÓN CREATIVA" EN EL MUNDO ÁRABE

Por si alguien achaca estos comentarios a la "paranoia árabe" o al "fanatismo antiisraelí", merece la pena señalar que uno de los más destacados defensores de Israel en Washington -el burócrata de la comunidad de inteligencia proisraelí Michael Ledeen, amigo íntimo y socio de Richard Perle desde hace mucho tiempo- ha publicado una propaganda incendiaria titulada *"La guerra contra los amos del terror"*, en la que habla de lo que él denomina "destrucción creativa".

Ledeen afirma que esta "destrucción creativa" está "totalmente en consonancia con el carácter y la tradición estadounidenses", una afirmación que sorprenderá a muchos estadounidenses. Ledeen sostiene que Irak, Siria, Arabia Saudí y, por si fuera poco, la República Islámica de Irán, que no es un país árabe, deberían ser objetivos de la "destrucción creativa" del poderío militar estadounidense.

La "destrucción creativa", escribe Ledeen, es "nuestro segundo nombre", y el término "nuestro" se refiere a los estadounidenses, compartan o no sus opiniones imperialistas. Según Ledeen:

> Demolemos el viejo orden todos los días, desde los negocios hasta la ciencia, desde la literatura, el arte, la arquitectura y el cine hasta la política y el derecho.
>
> Nuestros enemigos siempre han odiado este torbellino de energía y creatividad, que amenaza sus tradiciones (sean cuales sean) y les avergüenza por su incapacidad para seguir el ritmo. Al ver que Estados Unidos desentraña las sociedades tradicionales, nos temen, porque no quieren ser desentrañados.
>
> No pueden sentirse seguros mientras estemos cerca, porque nuestra propia existencia -nuestra existencia, no nuestras políticas- amenaza su legitimidad. Deben atacarnos para sobrevivir, del mismo modo que nosotros debemos destruirles para avanzar en nuestra misión histórica.[94]

Aunque su retórica es rebuscada y pesada, Ledeen defiende la idea de que no es el apoyo estadounidense a Israel lo que engendra el odio árabe hacia Estados Unidos, sino que es la propia existencia de Estados Unidos -el "modo de vida estadounidense"- lo que inflama las pasiones árabes. Por el contrario, sostiene que es la propia existencia de Estados Unidos -el "modo de vida estadounidense"- lo que inflama las pasiones árabes (¡Qué mentiras! ¡Qué tontería!).

Sin embargo, estas palabras son la línea propagandística del lobby israelí, que espera desviar la atención del pueblo estadounidense de las causas de la hostilidad árabe hacia Estados Unidos, que se

---

[94] Michael Ledeen. *La guerra contra los amos del terror*. (Nueva York: Truman Talley Books/St. Martin's Press, 2002), pp. 212-213.

deriva del apoyo inquebrantable de Estados Unidos a Israel. Ledeen continúa sugiriendo que cualquiera que se oponga a una guerra total contra el mundo árabe debería ser apartado de sus puestos de responsabilidad . Escribe

> El Presidente debe deshacerse de los funcionarios que no han sabido dirigir eficazmente sus organismos, así como de aquellos que carecen de voluntad política para librar la guerra contra los amos del terrorismo.

> Los altos cargos de la comunidad de inteligencia deben ser sustituidos, y los jefes militares que dicen al Presidente que no se puede hacer, que no están preparados, o que tenemos que hacer otra cosa primero, también deben ser sustituidos, al igual que los responsables de seguridad nacional que han insistido en que tenemos que resolver la cuestión árabe-israelí antes de ir a la guerra de nuevo, y los altos cargos de agencias como la FAA, INS, etc., que han insistido en que tenemos que resolver la cuestión árabe-israelí antes de ir a la guerra de nuevo.[95]

De hecho, al margen de cualquier otra consideración política, el presidente George W. Bush tenía buenas razones personales para obedecer las órdenes de los halcones de línea dura promoviendo sus proyectos imperiales en nombre de Israel.

En la edición de febrero de 1992 del *Washington Report on Middle East Affairs*, el ex congresista Paul Findley (republicano de Illinois) reveló que, en 1991, el ex oficial de inteligencia israelí Victor Ostrovsky había sacado a la luz un complot de una facción derechista del Mossad israelí para asesinar al entonces presidente George H. W. Bush, que era percibido como una amenaza para Israel.

---

[95] *Ibid*, p.236.

Después de que Ostrovsky proporcionara los detalles a otro ex congresista, Pete McCloskey (R-Calif.), McCloskey emitió una advertencia al Servicio Secreto de EEUU. En su libro de 1994, *The Other Side of Deception*, Ostrovsky reveló los detalles de lo que había averiguado sobre el complot: el Mossad planeaba asesinar a Bush en una conferencia internacional en Madrid.

El Mossad había capturado a tres "extremistas" palestinos e informado a la policía española de que los terroristas se dirigían a Madrid.

El plan era matar a Bush, liberar a los "asesinos" en medio de la confusión y matar a los palestinos en el acto. Se culparía a los palestinos del crimen: otra "bandera falsa" del Mossad.

Así es como la administración de George W. Bush alienta y alimenta hoy el viejo sueño de un Gran Israel. Pero para lograr este objetivo, los elementos sionistas neoconservadores que llegaron al poder en la administración Bush empezaron a preparar el terreno muchos años antes. Uno de los primeros pasos de este proyecto fue la enunciación de una teoría conocida como "hacer retroceder a los Estados canallas".

HACER RETROCEDER A LOS "ESTADOS DELINCUENTES" FORMA PARTE DEL PLAN

Un estudio en profundidad de la política belicista de los neoconservadores no estaría completo sin un examen de la política de "hacer retroceder a los Estados delincuentes" -un plan emanado de los más altos niveles del lobby sionista en Estados Unidos- que ahora ha visto el primer paso hacia su realización.

La expresión "Estados canallas" es un término incendiario utilizado por Israel y su grupo de presión en Estados Unidos -así como por los partidarios de la propaganda imperialista- para describir a países mayoritariamente islámicos como Irán, Irak, Libia, Siria, Sudán, Afganistán y otros que son percibidos como amenazas para Israel. Sin embargo, a la luz de las actuales afirmaciones de que el régimen moderado y rico en petróleo de Arabia Saudí "apoya el terrorismo", sólo cabe concluir que los belicistas neoconservadores también consideran al reino saudí un Estado "canalla".

La guerra contra los "Estados canallas" forma parte de la puesta en práctica de un "nuevo orden mundial" en el que ninguna nación puede conservar su soberanía nacional frente al poder militar estadounidense, sostenido por una combinación de influencia "centrada en Israel" en los niveles más altos del gobierno estadounidense y apoyada por los principales medios de comunicación.

El senador John McCain es uno de los principales defensores de "hacer retroceder a los Estados delincuentes". Durante su campaña por la candidatura presidencial republicana en 2000, declaró que, como presidente, haría todo lo posible por destruir a los Estados delincuentes.

Lo que McCain no dijo fue que "su" política formaba parte de hecho de un plan a largo plazo ideado por las altas esferas de la élite política internacional y, más concretamente, por los partidarios de la línea dura de Israel.

Este plan para "hacer retroceder a los Estados delincuentes" -que en aquel momento apuntaba específicamente a Irak e Irán- se esbozó por primera vez el 22 de mayo de 1993 en un discurso entonces secreto de un antiguo propagandista del gobierno israelí, Martin Indyk, ante el Washington Institute for Near Eastern Affairs, un grupo privado de presión proisraelí. En aquel momento, el pequeño e inconformista periódico estadounidense *The Spotlight* fue la única publicación que reveló este plan de agresión.

Lo que hizo que el plan estratégico de guerra de Indyk fuera tan explosivo fue que, en el momento en que Indyk definió esta política, era el "experto" elegido por el presidente Clinton para la política de Oriente Próximo en el Consejo de Seguridad Nacional.

Nacido en Inglaterra y criado en Australia, Indyk fijó su residencia en Israel, pero más tarde se le concedió la ciudadanía estadounidense "instantánea" por proclamación especial del presidente Clinton, pocas horas después de que éste jurara su cargo el 20 de enero de 1993, uno de los primeros actos oficiales de Clinton. (Posteriormente, este antiguo propagandista israelí fue nombrado embajador de Estados Unidos en Israel, a pesar de su evidente conflicto de intereses). En el plazo de un año, las líneas generales del plan de guerra de Indyk contra Iraq e Irán fueron promovidas oficialmente por el poderoso Consejo de Relaciones Exteriores, con sede en Nueva York. También se anunció públicamente, al mismo tiempo, como política oficial de la administración Clinton (aunque llevaba más de un año gestándose).

Un informe de Associated Press, publicado en la edición del 28 de febrero de 1994 del *Washington Post*, anunciaba que W. Anthony Lake, Consejero de Seguridad Nacional del Presidente Clinton, había elaborado un plan para la "doble contención" de Irak e Irán, ambos descritos por Lake como Estados "delincuentes" y "en retirada".

Los comentarios de Lake proceden de un artículo publicado en el número de marzo/abril de 1994 de *Foreign Affairs*, la revista trimestral del Council on Foreign Relations (CFR), financiado por Rockefeller, filial estadounidense del Royal Institute for International Affairs, con sede en Londres, grupo político financiado por la familia europea Rothschild, partidaria de Israel desde hace mucho tiempo.

[96] El 30 de octubre de 1993, el *Washington Post* describió cándidamente al CFR como "lo más parecido que tiene Estados Unidos a un establishment gobernante", afirmando que era "la gente que durante más de medio siglo ha dirigido nuestros asuntos

---

[96] *The Washington Post*, 30 de octubre de 1993.

internacionales y nuestro complejo militar-industrial", señalando que 24 altos cargos de la administración Clinton -además de Clinton- eran miembros del CFR.

Había una pequeña diferencia en la política definida por Lake: la destrucción de Irak era el primer objetivo. Irán vendría después.

Lake afirmó que la administración Clinton había apoyado a los exiliados iraquíes que querían derrocar al líder iraquí Saddam Hussein. A pesar de que Irán es lo que denominó "el principal patrocinador mundial del terrorismo y el asesinato", Lake afirmó que la administración Clinton estaba estudiando la posibilidad de mejorar las relaciones con Irán.

GINGRICH E ISRAEL

A principios de 1995, Newt Gingrich, el entonces recién elegido presidente republicano de la Cámara de Representantes y ferviente partidario de Israel desde hacía mucho tiempo, pronunció un discurso poco difundido en Washington ante una reunión de oficiales militares y de inteligencia, en el que pedía una política para Oriente Medio que, según sus palabras, estuviera "diseñada para forzar la sustitución del actual régimen de Irán... la única solución a largo plazo que tiene sentido".

El hecho de que el líder de facto del partido republicano de la "oposición" aprobara esta política no es realmente sorprendente, ya que en aquella época la esposa del Sr. Gingrich cobraba 2.500 dólares al mes de la Israel Export Development Company, una organización que atraía a empresas estadounidenses de fuera de Estados Unidos a un parque empresarial de alta tecnología en Israel.

La Sra. Gingrich fue presentada a sus jefes durante una gira por Israel patrocinada por el Comité Americano-Israelí de Asuntos Públicos (AIPAC), un grupo de presión pro-israelí registrado.

Un antiguo funcionario del AIPAC, Arne Christensen, fue uno de los principales asesores políticos de Gingrich. Antes de trabajar para el lobby israelí, Christensen había estado en el equipo del ex congresista Vin Weber (R-Minn.), estrecho colaborador de Gingrich -y otro miembro más del Consejo de Relaciones Exteriores- que, como vimos antes, es también uno de los principales responsables del "think tank" de William Kristol conocido como Empower America.

Weber pasó a ser uno de los principales asesores del senador John McCain durante su campaña presidencial. Y McCain es, una vez más, también miembro del CFR.

Quizás esto explique cómo las cosas cerraron el círculo y cómo McCain defendió la idea de que Estados Unidos debe tomar medidas provocadoras contra *Estados "canallas"*. Pero el vínculo con Israel es lo que más importa...

JOHN MCCAIN - PORTAVOZ NEOCONSERVADOR

El Washington Post reveló el 25 de febrero de 2000 que McCain contaba entre sus asesores más cercanos a tres conocidos comentaristas proisraelíes que son portavoces de lo que sin duda es la "derecha judía", figuras de la llamada red "neoconservadora": William Safire, columnista *del New York Times*, Charles Krauthammer y el omnipresente William Kristol, cuyo patrón, el barón de los medios de comunicación fanáticamente proisraelí Rupert Murdoch, satélite de la familia Rothschild, apoyó la candidatura presidencial de McCain a través de su diario, el *New York Post*.

El propio McCain ha declarado su lealtad a Israel, por encima de los intereses estadounidenses. En un discurso pronunciado ante el Consejo Nacional de Jóvenes Israelíes en Nueva York el 14 de marzo de 1999, McCain dijo:

> Elegimos, como nación, intervenir militarmente en el extranjero para defender los valores morales que son fundamentales para nuestra conciencia nacional, incluso

cuando los intereses nacionales vitales no están necesariamente en juego. Planteo este punto porque se encuentra en el corazón del enfoque de esta nación hacia Israel. La supervivencia de Israel es uno de los compromisos morales más importantes de nuestro país.

En resumen, McCain estaría dispuesto a comprometer a Estados Unidos en una guerra en defensa de Israel, aunque los "intereses vitales" de Estados Unidos no estén necesariamente en juego. Su apoyo a los ataques contra Estados islámicos "delincuentes" es parte integrante de esta política, que difícilmente pone a Estados Unidos en primer lugar.

McCain se declaró "guiado" por los "principios wilsonianos", la filosofía internacionalista según la cual el poder militar estadounidense debe utilizarse para hacer cumplir las normas mundiales, dictadas por el propio país.

De hecho, el expediente demuestra que McCain ha formado parte durante mucho tiempo de un grupo de élite que promueve la acción militar estadounidense en defensa de Israel. Según el número del 2 de agosto de 1996 del *Jewish Chronicle*, con sede en Londres, McCain era miembro de una organización poco conocida que se autodenominaba Comisión sobre el Interés Nacional de Estados Unidos, que emitió un informe en el que calificaba a Israel de interés "de primer orden" para Estados Unidos, digno de "tesoro y sangre", una conclusión que muchos estadounidenses podrían cuestionar.

El informe sitúa la supervivencia de Israel "al mismo nivel que la prevención de ataques nucleares y biológicos contra Estados Unidos como un interés vital de Estados Unidos".

The *Chronicle* resumió el informe, citando al grupo, con el titular: Los estadounidenses "deberían ir a la guerra para defender a Israel".

Compárese con los resultados de una encuesta realizada en septiembre de 1998 por el Pew Research Center for the People and the Press (publicada en el número del 28 de diciembre de 1998 del *Washington Post*), que indicaba en aquel momento que sólo el 45% de la opinión pública estadounidense apoyaría una intervención estadounidense si las fuerzas árabes invadieran Israel, frente al 74% de las llamadas "élites de opinión" que apoyarían a las tropas terrestres estadounidenses en un conflicto de este tipo. *Pero la opinión popular estadounidense aparentemente no cuenta.*

La guerra contra los Estados "canallas" y los preparativos para una posible acción militar estadounidense para defender a Israel han sido objeto de constantes presiones en los círculos más altos. Se trata claramente de una prioridad para la élite.

LOS NEOCONSERVADORES AMPLÍAN SUS OBJETIVOS

El 29 de noviembre de 1998, el ex secretario de Estado Henry Kissinger, figura clave del CFR y partidario de la causa sionista desde hace mucho tiempo, publicó un artículo de gran repercusión en el *Washington* Post titulado "Derribad a Sadam". Sin embargo, más recientemente, los defensores de Israel han empezado a ampliar sus objetivos.

En el número del 2 de marzo de 2000 de The *Washington Post*, el columnista Jim Hoagland escribió que lo que se necesitaba era "una amplia estrategia política y militar para el Golfo Pérsico... basada en el apoyo activo de Estados Unidos a la democracia representativa, no sólo en Irak e Irán, sino también en las monarquías árabes conservadoras de la región. No se puede aislar a los dos Estados canallas como únicos candidatos al cambio....".

En otras palabras, incluso Estados árabes como Arabia Saudí y quizá los Emiratos Árabes Unidos, Kuwait y otros podrían sufrir la ira de la élite imperialista "neoconservadora", que está utilizando el poder del ejército estadounidense para lograr su objetivo.

Hoagland añadió que "la política estadounidense hacia Irak es una cuestión madura para el debate de campaña [y que]... el candidato que pueda articular de forma convincente una estrategia política y militar integrada para abordar los múltiples retos de seguridad nacional en el Golfo merece ser considerado seriamente por los votantes estadounidenses".

Al final, aunque John McCain, partidario de un "retroceso" de los Estados delincuentes, no llegó a la presidencia, sí lo hizo su oponente en las primarias republicanas, George W. Bush. Y fue bajo la administración del nuevo presidente republicano cuando se lanzó la guerra contra Irak, la culminación de un antiguo plan de la camarilla "neoconservadora", cuya bien financiada y estrechamente unida red llevaba casi una generación planeando precisamente una acción de este tipo.

EL OTRO "EJE DEL MAL"

Otro elemento clave en el impulso de un imperio estadounidense defendido por el bloque neoconservador es el "eje del mal" entre los neoconservadores (que, como hemos visto, son en gran medida halcones judíos de línea dura aliados al régimen de Sharon en Israel) y la llamada "derecha cristiana" en Estados Unidos: los dispensacionalistas de línea dura.[97]

Aunque el periodista Jon Lee Anderson sonrió en el *New Yorker* ante lo que calificó de "habituales afirmaciones" del viceprimer ministro iraquí Tariq Aziz de que, según la interpretación de Anderson de las palabras de Aziz, "Estados Unidos ha sido secuestrado por un pequeño grupo de judíos y cristianos, el lobby del petróleo y el complejo militar-industrial", las acusaciones de Aziz eran ciertas.

---

[97] *The New Yorker*, 7 de abril de 2003.

Aunque ni todos los judíos ni todos los cristianos estadounidenses se han aliado con los neoconservadores y los fundamentalistas cristianos para apoyar el deseo de un Gran Israel, Aziz tenía razón cuando hablaba de un "pequeño grupo", aunque influyente.

La Derecha Cristiana es, de hecho, sólo un segmento -aunque importante- del movimiento fundamentalista cristiano estadounidense. Sin embargo, dado que la Derecha Cristiana se ha establecido como una base de poder esencial en las ambiciones electorales de George W. Bush y del Partido Republicano, su influencia en favor de los neoconservadores y del sueño de un Gran Israel está fuera de toda duda.

El biógrafo de Bush, Michael Lind, cree que George W. Bush está personalmente impulsado a aceptar la doctrina neoconservadora precisamente porque parece haber abandonado las convicciones religiosas cristianas tradicionales de su propia familia en favor del mismo tipo de fundamentalismo cristiano practicado por los partidarios pro-Israel de la derecha cristiana dura.

Lind escribe: "No cabe duda de que los lazos entre George W. Bush y Ariel Sharon se basaban en la convicción, no en la conveniencia. Al igual que la base sionista cristiana del partido republicano, George W. Bush era un devoto fundamentalista sureño.[98]

EL VÍNCULO CON ASHCROFT

Aunque Bush ha colocado a muchos neoconservadores en puestos clave de política exterior, seríamos negligentes si no mencionáramos su nombramiento del ex senador de Missouri John Ashcroft -miembro de una pequeña pero ruidosa secta cristiana fanáticamente proisraelí conocida como los

---

[98] *Michael Lind.* Made in Texas: George W. Bush and the Southern Takeover of American Politics *(Nueva York: Basic Books, 2003), p. 157.*

"pentacostales"- como Fiscal General de Estados Unidos. En este cargo, Ashcroft es responsable de todo el sistema de justicia federal estadounidense y supervisa la Oficina Federal de Investigación (FBI), la agencia federal encargada de hacer cumplir la ley.

Aunque los grupos de interés "liberales" estadounidenses protestaron ruidosamente contra el nombramiento de Ashcroft, lo cierto es que mientras negros, feministas, defensores del aborto, homosexuales y otros se acobardaban ante la perspectiva de que John Ashcroft se convirtiera en Fiscal General, un grupo de interés especialmente influyente -el lobby pro-Israel- ya había dado a Ashcroft su "luz verde".

La primera señal pública del amor de Israel por Ashcroft se produjo cuando se informó ampliamente en los principales medios de comunicación de que Abe Foxman, director nacional de la Liga Antidifamación (ADL) -una poderosa unidad del lobby israelí- había anunciado que esperaba que Ashcroft fuera un hombre "justo". Los partidarios de Ashcroft alabaron en voz alta el apoyo efectivo de Foxman.

Mientras tanto, los conocedores que leen *The New Republic* (TNR), un periódico conocido por ser una voz influyente y estridente del lobby israelí, obtuvieron la pista de la "aceptabilidad" de Ashcroft de una fuente clave. El director político de Ashcroft durante muchos años, Tevi Troy -un judío ortodoxo que una vez se refirió públicamente a los no judíos como "goyim" (un término racista)- escribió un artículo (publicado en el número del 29 de enero de 2001 de TNR) promocionando a Ashcroft. Troy -actual enlace de la administración Bush con la comunidad judía- dijo que Ashcroft era "más que tolerante, es francamente filosemita". Troy

> Ashcroft nació en el seno de una familia gentil en una zona predominantemente judía de Chicago. Su madre trabajaba como Shabbos goy [es decir, una persona no judía que trabaja para judíos en el Sabbat judío], encendiendo y apagando hornos cuando era necesario. El padre de

Ashcroft incluso se llevó una mezuzah [símbolo religioso judío] con la familia cuando se mudaron de Chicago a Springfield, Missouri, donde la mantuvo pegada a la jamba de su puerta hasta su muerte en 1995. Apostaría a que Ashcroft sabe más de judaísmo que la mitad de los miembros judíos del Senado.[99]

Entretanto, mientras el senador demócrata judío liberal de Nueva York, Charles Schumer, apaciguaba a sus electores "liberales" oponiéndose públicamente a Ashcroft, Schumer (al igual que otros iniciados) era muy consciente de que Ashcroft había sido su socio (de Schumer) en la introducción de medidas parlamentarias para promover los intereses de Israel en años anteriores.

Entre otros, Ashcroft y Schumer juntos:

- Copatrocinó una peligrosa medida "antiterrorista" al estilo de un estado policial, fuertemente promovida por la ADL y el lobby israelí, contra la que se movilizaron los patriotas de base de toda América y que consiguió evitar en gran medida que se promulgara en su totalidad. Por supuesto, esto fue *mucho antes de los atentados del 11 de septiembre.*

- lideró los esfuerzos en el Congreso para forzar el traslado de la embajada estadounidense de Tel Aviv a Jerusalén; y

- Copatrocinó una medida para hacer obligatoria la oposición de Estados Unidos a cualquier declaración independiente de un Estado palestino.

Por su ruidosa campaña contra los palestinos, el Instituto de Asuntos Públicos de la Unión de Congregaciones Judías Ortodoxas de Estados Unidos elogió a Ashcroft como "un firme

---

[99] *The New Republic*, 29 de enero de 2001.

defensor del Estado de Israel, su seguridad y su protección desde hace mucho tiempo".

UNA ALIANZA DE EXTREMISTAS JUDÍOS Y CRISTIANOS...

Desde que se convirtió en Fiscal General, Ashcroft ha sido un destacado defensor de las políticas neoconservadoras del Likud de la administración, protegiendo devotamente los intereses de Israel. Mientras tanto, los aliados neoconservadores de Ashcroft en el aparato de política exterior de Bush han forjado una poderosa alianza con el bloque de votantes de la derecha cristiana. Los ex analistas de la CIA Bill y Kathleen Christison han descrito este fenómeno en términos particularmente mordaces:

> Los dos leales a la administración Bush han dado un nuevo impulso al crecimiento de una corriente mesiánica de fundamentalismo cristiano que se ha aliado con Israel para preparar el llamado fin de los tiempos. Estos fundamentalistas enloquecidos consideran que el dominio de Israel sobre toda Palestina es un paso necesario para el cumplimiento del milenio bíblico, que cualquier cesión por parte de Israel de territorio en Palestina es un sacrilegio y que la guerra entre judíos y árabes es un preludio divinamente ordenado del Armagedón.

> Estos extremistas cristianos de derechas ejercen una profunda influencia sobre Bush y su administración, de modo que los fundamentalistas judíos que trabajan por la perpetuación del dominio de Israel en Palestina y los fundamentalistas cristianos que trabajan por el Milenio se refuerzan mutuamente en los consejos de administración.

> El Armagedón que los sionistas cristianos parecen estar promoviendo activamente, y con el que se han aliado tácticamente los leales a Israel dentro de la administración, plantea la horrible pero muy real perspectiva de una guerra apocalíptica entre cristianos y musulmanes.

A los neoconservadores no parece importarles, y las ocasionales admoniciones *pro-forma* de Bush en contra de culpar a todo el Islam por los pecados de los extremistas islámicos no hacen nada para que esa perspectiva sea menos probable.

Estas dos corrientes de fundamentalismo judío y cristiano se han fusionado en un vasto proyecto imperial destinado a reestructurar Oriente Próximo, todo ello reforzado por la feliz coincidencia de grandes recursos petrolíferos en y un presidente y vicepresidente fuertemente invertidos en petróleo.

Todos estos factores -la doble lealtad de una vasta red de responsables políticos aliados a Israel, la influencia de un ala fanática de fundamentalistas cristianos y el petróleo- probablemente contribuyeron más o menos por igual a los cálculos de la administración sobre la situación israelo-palestina y la guerra con Irak.

Pero el factor más decisivo en la configuración de la política estadounidense es el grupo de leales a Israel: ni el apoyo de los fundamentalistas cristianos a Israel ni los cálculos petroleros tendrían el peso que tienen en los consejos de administración sin la contribución esencial de estos leales, que claramente saben cómo jugar con los fanáticos cristianos y que sin duda también saben que su propio pan y el de Israel están untados con mantequilla por los intereses petroleros de gente como Bush y Cheney.

Aquí es donde la lealtad de los funcionarios a Israel tiñe e influye de forma extremadamente peligrosa en la elaboración de la política estadounidense.[100]

LA HISTORIA DE LA ALIANZA...

Un historiador judío estadounidense, Benjamin Ginsberg, en su estudio *The Fatal Embrace: Jews and the State*, ha explorado el papel de la alianza de la derecha cristiana con los neoconservadores. Explica

> La estrecha relación entre Israel y los fundamentalistas cristianos comenzó a desarrollarse tras la llegada al poder del bloque conservador Likud en Israel en 1977, y se reforzó tras la victoria presidencial de Reagan en Estados Unidos en 1980. Tras su toma de posesión, Reagan recibió un telegrama firmado por el reverendo Jerry Falwell y otros destacados líderes fundamentalistas cristianos, en el que se le instaba a apoyar plenamente a Israel que, según decían, "desde un punto de vista religioso, moral y estratégico", representaba "nuestras esperanzas de seguridad y paz en Oriente Medio".

> El gobierno de Begin concedió a Falwell el Premio Zabotinsky por sus servicios a Israel y le ha invitado con frecuencia, junto a otros líderes de la derecha cristiana, a Israel. Falwell apoya firmemente la anexión por Israel de los territorios ocupados y el traslado de la capital de Israel a Jerusalén. "No hay duda de que Judea y Samaria deben formar parte de Israel", dijo Falwell. Además, "creo que los

---

[100] Kathleen & Bill Christison en la revista *Counterpunch* en counterpunch.org, 13 de diciembre de 2002.

Altos del Golán deberían anexionarse como parte integrante del Estado de Israel", afirmó.[101]

El autor Michael Lind sugiere que Falwell bien podría ser "el lobista más importante del Partido Likud en Estados Unidos".[102] Además, como señalan los autores judíos estadounidenses Ken Silverstein y Michael Scherer, a Begin le gustaba tanto Falwell que le regaló un Learjet por sus esfuerzos en favor de Israel.[103]

NEOCONSERVADORES Y FUNDAMENTALISTAS

Desde la época de Begin, los siguientes primeros ministros del Likud han forjado estrechos vínculos con los evangélicos estadounidenses. Según Silverstein y Scherer

> Los conservadores cristianos proporcionan a Israel -y en particular al partido Likud del primer ministro Ariel Sharon- su principal apoyo político en Estados Unidos. Se oponen a que Israel ceda tierras a los palestinos y presionan a la administración Bush para que cierre las oficinas palestinas en Estados Unidos. También mantienen estrechos vínculos con los líderes del Partido Republicano en el Congreso y con un grupo de halcones de alto rango en el Pentágono -dirigido por el subsecretario de Defensa Paul Wolfowitz- que algunos conocedores de Washington denominan la "Kosher Nostra"....

---

[101] Benjamin Ginsberg. *The Fatal Embrace: Jews and The State* (Chicago: University of Chicago Press), 1993, p. 211.

[102] Lind, p. 149.

[103] "Born Again Zionists", Ken Silverstein y Michael Scherer, *Mother Jones*, septiembre/octubre de 2002.

Se esfuerzan por apoyar a Israel, irónicamente, porque creen que esto conducirá al triunfo final del cristianismo. Para ellos, la actual crisis de Oriente Próximo estaba profetizada en la Biblia: tras la reconquista judía de Tierra Santa, los no creyentes -incluidos judíos y musulmanes- perecerán en el Armagedón, y Jesús regresará como Mesías para conducir a sus seguidores al paraíso.

De hecho, gracias a las relaciones de alto nivel y al activismo popular de los cristianos evangélicos, la política estadounidense en Oriente Medio nunca ha estado tan estrechamente alineada con Israel como bajo la administración de George W. Bush...[104]

Los cristianos evangélicos son especialmente hostiles a los árabes y los musulmanes. Creen que "los árabes y los musulmanes se remontan a Ismael, el hijo desfavorecido de Abraham, a quien Dios prometió vastas tierras y recursos, pero que nunca se contentó con lo que tenía. [105]Cualquiera que sea la buena fortuna de los árabes, nunca conocerán la paz espiritual", según estos extremistas cristianos. (Obsérvese que ésta no es la opinión habitual del cristiano estadounidense típico, como veremos).

Señalando que uno de los halcones de la administración Bush que trabajó estrechamente con la derecha cristiana fue Douglas Feith -el ayudante adjunto del subsecretario de Defensa Paul Wolfowitz- Silverstein y Scherer citan al antiguo socio de Feith en el Centro de Política de Seguridad, Frank Gaffney, diciendo: "La política del gobierno estadounidense está profundamente influida por creencias compartidas por quienes presionan desde

---

[104] *Ibid.*

[105] Silverstein & Scherer, *Mother Jones. Ibid.*

fuera [los cristianos evangélicos] y quienes lo hacen desde dentro [los neoconservadores judíos]."[106]

Tomando nota de la entusiasta bienvenida que el Likud israelí da a los fundamentalistas, Michael Lind señala que "el ferviente apoyo de los fundamentalistas protestantes a Israel... ha sido manipulado durante un cuarto de siglo por los políticos israelíes de derechas y sus aliados neoconservadores".[107]

Irónicamente, incluso los grupos judíos estadounidenses "liberales" que apoyan a Israel pero defienden públicamente un acuerdo negociado con los palestinos ven el peligro de esta alianza impía entre cristianos evangélicos y neoconservadores judíos.

El rabino Eric Yoffie, director de la Unión de Congregaciones Hebreas Americanas, afirma que esta alianza de evangélicos y neoconservadores ve "cualquier concesión como una amenaza para Israel, y refuerza así a los partidarios de la línea dura en Israel y Estados Unidos".[108]

FANÁTICOS DEL CONGRESO

En el Congreso de Estados Unidos, varios legisladores están estrechamente alineados con los fundamentalistas cristianos y sus aliados sionistas. Entre ellos se encuentra el líder de la mayoría republicana en la Cámara de Representantes, Tom DeLay, de Texas, que "está de acuerdo con los israelíes de línea dura en que

---

[106] *Ibid.*

[107] Lind, p. 148.

[108] *Ibid.*

Cisjordania y los Altos del Golán son parte de Israel y no territorio ocupado".[109]

En el Senado, uno de los principales "halcones" cristianos pro-Israel es el senador Sam Brownback, republicano de Kansas. Sin embargo, el senador James Inhofe, de Oklahoma, también miembro del Partido Republicano, es quizá aún más extremista y fanático retóricamente que Brownback en su apoyo a los likuditas de línea dura, ya sean cristianos o judíos.

Aunque Tom Brokaw, de la NBC, describió al senador James Inhofe (republicano de Oklahoma) como un "experto en política exterior" la noche de las elecciones de 2000, la experiencia de Inhofe parece más afín al fanatismo religioso de la persuasión sionista cristiana fundamentalista.

Por ejemplo, el 4 de marzo de 2002, Inhofe declaró en un discurso ante el Senado que Dios había permitido que los terroristas atacaran Estados Unidos el 11 de septiembre de 2001 para castigar a Estados Unidos por ser demasiado duro con Israel. En un discurso en el que condenaba a su colega republicano, el presidente Bush, a quien entonces se consideraba demasiado duro con Israel, Inhofe dijo en términos inequívocos

> Una de las razones por las que creo que se ha abierto la puerta espiritual para un ataque contra los Estados Unidos de América es que la política de nuestro gobierno ha consistido en pedir a los israelíes, y presionarlos, que no respondan de forma significativa a los ataques terroristas que se han lanzado contra ellos.[110]

Aunque los medios de comunicación estadounidenses ya han atacado a oradores del mundo musulmán que han sugerido, de una

---

[109] *Ibid.*

[110] *Actas del Congreso*, Senado. 4 de marzo de 2002.

forma u otra, que el atentado del 11 de septiembre contra Estados Unidos fue voluntad de Alá, las incendiarias declaraciones del Sr. Inhofe no han recibido prácticamente ninguna mención.

Inhofe no ha sido el único fundamentalista cristiano estadounidense que ha hecho un comentario semejante. El 11 de octubre de 2002, la evangelista Joyce Meyer dijo en la conferencia nacional de la Coalición Cristiana que el pueblo estadounidense se merecía el atentado del 11 de septiembre porque no se había puesto firmemente del lado de Israel.[111] "Si no obedecemos a Dios, se levantará la protección de Dios", anunció. Sin embargo, los principales medios de comunicación ignoraron esta locura proisraelí.

Inhofe también intentó explicar que los palestinos étnicos nunca han tenido un derecho histórico sobre Palestina y que, cuando estuvieron allí, contribuyeron poco al desarrollo de la región.

Por ejemplo, en otro discurso ante el Senado, Inhofe citó al filósofo francés del siglo XVIII Voltaire, que describió la Palestina de su época como un "lugar sombrío y sin esperanza". Sin embargo, lo que Inhofe, en su parcialidad a favor de los ocupantes judíos de Palestina, parece haber ignorado es lo que también se dice que dijo Voltaire en otra ocasión: "Mientras que los árabes se distinguen por su valor, hospitalidad y humanidad, los judíos son cobardes y lascivos, codiciosos y avaros".

El senador de Oklahoma sugirió que Palestina era un páramo que nadie quería. "¿Dónde estaba esa gran nación palestina?", preguntó Inhofe. "No existía. No existía. Los palestinos no estaban allí.

---

[111] *Citado en Michael Lind.* Made in Texas: George W. Bush and the Southern Takeover of American Politics *(Nueva York: Basic Books, 2003), p. 153.*

Aunque cualquier persona normal con un mínimo conocimiento de la historia palestina sabe que las afirmaciones del Sr. Inhofe son producto de una imaginación febril, lo cierto es que millones de estadounidenses comparten estas opiniones provocadoras y llenas de odio.

LOS MEDIOS DE COMUNICACIÓN PRO-SIONISTAS PROMUEVEN UNA SECTA FUNDAMENTALISTA

La verdad es que los medios de comunicación estadounidenses (durante mucho tiempo pro-Israel) han ayudado a promover la causa de la derecha cristiana y sus seguidores "dispensacionalistas", tan estrechamente vinculados a la causa "neoconservadora" en Estados Unidos y sus aliados en Israel.

Por ejemplo, *Time*, la revista semanal de noticias publicada por el megamonopolio mediático AOL-Time Warner, se ha establecido recientemente como uno de los principales promotores de la filosofía de los "últimos días" del dispensacionalismo, identificada por los televangelistas cristianos aliados con la camarilla neoconservadora dentro de la administración Bush.

En un artículo de portada del 1 de julio de 2002, profusamente ilustrado, titulado "The Bible & The Apocalypse-Why more Americans are reading and talking about the end of the world", *Time* ofrecía trece páginas enteras de publicidad a los defensores del "fin de los tiempos", en particular al evangelista "conservador" de la derecha cristiana Tim LaHaye, un héroe improbable para una revista considerada habitualmente como una voz de la persuasión liberal.

¿Por qué los plutócratas superricos que dominan AOL y *Time* Warner -entre ellos el multimillonario Edgar Bronfman, barón del whisky y jefe del Congreso Judío Mundial- utilizarían su influencia mediática para promover alguna forma de teología cristiana? Esta es una pregunta que muchos cristianos estadounidenses que no están de acuerdo con la filosofía "dispensacionalista" han empezado a hacerse.

Las trece páginas de la revista, dominadas por la familia Bronfman, presentaban trece artículos diferentes, brillantemente ilustrados, o barras laterales o documentos explicativos. Se dedicó un esfuerzo considerable a promocionar a LaHaye: en el primer párrafo, el artículo principal presentaba el último libro de LaHaye, *The Remnant*, como "el libro más importante del verano" y mostraba una foto de la portada del libro en un lugar destacado.

En la parte superior de las distintas páginas del documento hay recuadros con "hechos" como "el 36% de los encuestados que apoyan a Israel dicen que lo hacen porque creen en las profecías bíblicas de que los judíos deben controlar Israel antes de que vuelva Cristo" o "el 42% dicen que apoyan a Israel porque los judíos son el pueblo elegido de Dios".

Cuatro páginas enteras de un solo artículo estaban dedicadas específicamente a LaHaye. Una gran y atractiva fotografía en color a doble página de un gesticulante LaHaye, tomada de abajo arriba, haciéndole parecer casi imponente, iba acompañada del titular, en grandes letras, "Conozca al Profeta". Una segunda fotografía mostraba a un sonriente LaHaye, vestido de forma informal, siendo acariciado por su atractiva esposa y colaboradora, Beverly, describiéndoles como una "poderosa pareja" que "comparte un celo evangélico".

Junto al artículo de LaHaye, *Time* ofrecía con entusiasmo fotografías en color de...:

- Las "novelas gráficas" de LaHaye (*Left Behind)*, en forma de cómic

- El juego de mesa *Left Behind* de Lahaye,

- Las portadas de seis de los 22 libros infantiles de LaHaye,

- Los CDs *de Left Behind* de LaHaye (que *Time* dice a sus lectores que son versiones de audio "con un poco de música"); y

- Fotograma de la secuela *de Left Behind* de LaHaye. Para que nadie se pierda el estreno, *Time* informó a sus lectores de que la nueva película de LaHaye estaría "disponible en noviembre".

¡Pocas personas tienen la suerte de recibir este tipo de atención mediática! Y está claro que todo lo anterior fue una publicidad valiosa en la que LaHaye debería haber gastado millones. Pero la cosa no queda ahí.

En el artículo principal de la serie, los editores de *Time* distribuyeron fotografías en color a lo largo de dos páginas, acompañadas de descripciones de diez novelas completas de la serie "Left Behind" de LaHaye, incluida una segunda foto de la última novela de LaHaye, *The Remnant*, que ya había sido promocionada e ilustrada en el primer párrafo del mismo artículo.

Bajo cada imagen y descripción de cada novela, *Time* citaba generosamente la Escritura en la que supuestamente se basa cada novela y, en grandes negritas, balaba "Copias vendidas 7.000.000" (o la cifra que corresponda) bajo la ilustración de cada uno de los libros.

En otro artículo se preguntaba lo que probablemente fuera la pregunta pertinente en relación con el punto de vista dispensacionalista de LaHaye (en lo que se refiere a la familia Bronfman): "¿Es esto bueno para los judíos?". La respuesta, al parecer, es "sí".

Aunque *Time* señaló que a algunos teólogos judíos les molesta que LaHaye y los dispensacionalistas consideren el "fin de los tiempos" como el período en que los judíos deben aceptar a Jesucristo como mesías, *Time* dejó el juicio crítico final a una voz destacada del lobby pro-Israel.

Según Time: "Sin embargo, cuando un pueblo se siente aislado y atacado, tomará todos los amigos que pueda conseguir, replica

Abraham Foxman, director nacional de la Liga Antidifamación".
A continuación, Time cita directamente a Foxman: "No creo que
nos corresponda sondear el corazón, el alma y la metafísica de la
gente para averiguar por qué apoyan a Israel.

Algunos lo hacen por razones de interés nacional, otros por
cuestiones morales, otros por cuestiones teológicas. No
establecemos normas ni condiciones para el apoyo". *Así que la
derecha cristiana es la mano derecha de Israel.*

LOS MEDIOS DE COMUNICACIÓN PRO-SIONISTAS ATACAN AL VATICANO

Por el contrario, los principales medios de comunicación
estadounidenses han hecho mucho por condenar a los líderes y
facciones religiosas cristianas que plantean cuestiones sobre el
partido de la guerra neoconservador y sus seguidores de la
Derecha Cristiana.

Por ejemplo, el líder de la secta coreana Sun Myung Moon, editor
del neoconservador *Washington Times, dirigió* el fuego de su
periódico contra la Iglesia Católica Romana y el Papa Juan Pablo
II en el Vaticano.

Confirmando la acusación hecha en 2002 por un periódico
aprobado por el Vaticano de que los principales medios de
comunicación son hostiles a la Iglesia Católica por su oposición
a la agresión estadounidense contra Irak, el periódico de Moon
lanzó una andanada editorial contra la Iglesia por esta misma
razón.

El 22 de enero de 2003, *el Washington Times* de Moon se quejaba
de que "la historia reciente sugiere que se impone una nota de

cautela a la hora de hacer caso a las advertencias de la Iglesia Católica sobre la acción militar de Estados Unidos contra Irak".[112]

Tras señalar que el Vaticano y los líderes católicos estadounidenses "se han distinguido en los últimos meses como dos de los críticos más agudos de posibles ataques militares estadounidenses contra Irak", The *Times* recuerda que en el período previo a la Guerra del Golfo de 1991, "el Papa hizo numerosas declaraciones cuestionando la sensatez de ir a la guerra".

Para algunos críticos, que un periódico autoproclamado "de la corriente dominante" se aventure a publicar un editorial de este tipo puede parecer una incursión en el terreno del fanatismo religioso, en la medida en que se ha acusado de "avivar las llamas del odio religioso" a quienes se han atrevido a sugerir que la "influencia judía" puede haber sido una fuerza importante en la promoción de la participación de Estados Unidos en una guerra contra Irak. Sin embargo, el periódico de Moon no parece tener ningún problema en atacar a la Iglesia católica y a sus dirigentes cuando adoptan una postura política diferente de la del reverendo Moon y del contingente proisraelí que dicta la política editorial "neoconservadora" del *Washington Times, que domina.*

El ataque de Moon al Vaticano no sorprendió a quienes sabían que en su número del 1 de junio de 2002, *Civilta Cattolica -una* influyente revista aprobada por el Vaticano- arremetía contra los medios de comunicación estadounidenses por su obsesiva cobertura de los escándalos sexuales de la Iglesia Católica. *Civilta Cattolica* afirmaba categóricamente que los controladores de los medios de comunicación estadounidenses habían albergado rencor contra la Iglesia, al menos en parte porque la Iglesia

---

[112] *The Washington Times*, 22 de enero de 2003.

Católica se había negado a apoyar la guerra contra Saddam promovida por los medios de comunicación en 1991.

Dado que, como indica el dossier, el repentino e intenso interés de los medios de comunicación por los problemas de la Iglesia estalló realmente después del 11 de septiembre, es interesante observar que *Civilta Cattolica* también citó las consecuencias del 11 de septiembre en su disección de los ataques de los medios de comunicación a la Iglesia.

De hecho, *Civilta Cattolica* ha sugerido que los llamamientos de la Iglesia Católica contra las "vendettas" contra el mundo árabe y musulmán tras el 11 de septiembre han ofendido también a los medios de comunicación, que han promovido enérgicamente una agenda antiárabe y antimusulmana, citando a menudo a supuestos "expertos" en terrorismo y Oriente Medio que son -la mayoría de las veces- defensores de la política israelí y a menudo están directamente afiliados a los servicios de inteligencia israelíes.

Hoy, *el Washington Times* se ha adelantado, casi como para confirmar el peso de la acusación hecha por el periódico aprobado por el Vaticano.

LIEBERMAN COMO PRESIDENTE

Igualmente interesante (y relacionado) es el hecho de que al mismo tiempo que el *Times* -muy influyente en los círculos republicanos- atacaba al Vaticano por su postura sobre el conflicto entre Estados Unidos e Irak, el mismo periódico hacía un amistoso guiño a las aspiraciones presidenciales demócratas del senador Joseph Lieberman, aclamándolo como el tipo de estadista que los estadounidenses deberían apoyar precisamente por su determinación de arrastrar a Estados Unidos a una guerra contra Irak.

En 2001, en un editorial del 13 de agosto titulado "A Scoop Jackson Democrat", The *Times* elogiaba el papel protagonista de

Lieberman en los esfuerzos por desencadenar una invasión estadounidense de Irak. Según el *Times*

> Cuando se trata de comprender las cuestiones de política exterior más importantes del momento -en particular, la necesidad de explicar a la opinión pública estadounidense por qué el Presidente Bush tiene razón al seguir adelante con sus planes de derrocar al líder iraquí Saddam Hussein- el Sr. Lieberman proporciona exactamente el tipo de liderazgo que se necesita.[113]

El *Times* afirma que "no es exagerado decir que el enfoque de la política exterior del Sr. Lieberman se parece mucho al adoptado por el difunto senador de Washington Henry 'Scoop' Jackson durante la Guerra Fría".[114]

La comparación probablemente no sea una coincidencia si tenemos en cuenta que el verdadero "cerebro" detrás de la postura belicista (y ferozmente proisraelí) de Jackson no era otro que Richard Perle, hoy principal ideólogo de los halcones "neoconservadores" que orquestaron la guerra contra Irak.

Durante el apogeo de Jackson, Perle fue su principal asesor entre bastidores, orientando al por entonces "liberal" Jackson hacia una postura de confrontación contra la entonces Unión Soviética, principalmente porque el Kremlin -en aquel momento- era acusado de ser "antisionista".

El apoyo del *Times* a Lieberman recuerda a los entusiastas elogios que el reverendo Jerry Falwell -otro fanático partidario de Israel y destacado republicano- dedicó a Lieberman durante la campaña

---

[113] *The Washington Times*, 13 de agosto de 2001.

[114] *Ibid.*

de 2000, cuando éste era el compañero de fórmula de Al Gore para la vicepresidencia.

Aunque se trata de un personaje extraño, el editor *del Times*, Moon, ha estado vinculado durante mucho tiempo a los elementos "neoconservadores" del lobby de línea dura estadounidense pro-Israel. Así que no es sorprendente que el periódico de Moon promueva el llamamiento a la guerra de Lieberman (y su candidatura) al mismo tiempo que ataca al Vaticano por oponerse a la guerra.

CRÍTICA CRISTIANA AL FANATISMO SIONISTA

En el lado positivo, cabe señalar que existe una reacción cristiana en Estados Unidos contra los defensores del "fin de los tiempos" de Israel que están aliados con los "neoconservadores". Aunque siempre ha habido un núcleo de fundamentalistas cristianos que han cuestionado en voz alta y de forma coherente el concepto mismo de "dispensacionalismo", discutiendo con los defensores de Israel sobre la idea de que el Estado moderno de Israel constituye el Israel de la Biblia -tesis que ellos rechazan-, este grupo ha permanecido en gran medida en silencio, temiendo la ira de los medios de comunicación estadounidenses que se apresuran a acusar a los críticos de Israel de "antisemitismo".

Sin embargo, en el área de Washington, DC, durante muchos años, un conocido evangelista cristiano llamado Dale Crowley Jr. ha estado emitiendo un foro radiofónico regular seis veces por semana (en WFAX-AM 1220) en el que se enfrenta al lobby israelí, a sus agentes neoconservadores y a las personalidades de la derecha cristiana con las que los neoconservadores están aliados.

Recientemente, Crowley escribió una "Carta abierta a Jerry Falwell", publicada en el semanario *nacional American Free Press*, en la que condena severamente a Falwell y a sus compañeros de viaje de la derecha cristiana por su apoyo a la agresión israelí contra los musulmanes y cristianos palestinos.

Cristiano devoto de tradición fundamentalista, Crowley se ha enfrentado a menudo a la ira de la Liga Antidifamación (ADL) de B'nai B'rith por su franqueza, pero nunca se ha desanimado.

Otro activista cristiano del área de Washington, E. Stanley Rittenhouse, también desafió enérgicamente a Falwell y a los elementos prosionistas. En una ocasión, Rittenhouse organizó un piquete frente a la iglesia de Falwell, con la esperanza de convencer a los seguidores de Falwell de los peligros tanto para Estados Unidos como para la tradición cristiana de una alianza ciega con el sionismo y el imperialismo israelí.

Un libro fascinante de Rittenhouse, *Por miedo a los judíos,* es una exposición bien escrita del tema que no escatima palabras.

El reverendo Theodore Winston "Ted" Pike, residente en Oregón, es uno de los críticos cristianos más conocidos de la alianza evangélica con el sionismo. Junto con su esposa Alynn, ha producido varios vídeos excepcionales, entre ellos *The Other Israel, Why the Mid-East Bleeds* y *Zionism & Christianity: Unholy* Alliance, cada uno de los cuales trata diversos aspectos de la crisis de Oriente Medio y son muy recomendables.

Además, un número cada vez mayor de otros cristianos -que actúan en gran medida con independencia de las iglesias organizadas- también rechazan el dispensacionalismo y critican abiertamente a los evangelistas de la corriente dominante, como Falwell, Pat Robertson, Tim LaHaye y otros. Son los llamados "preteristas", que sostienen (basándose en hechos históricos sólidos) que el dispensacionalismo moderno no es en absoluto una enseñanza cristiana tradicional y que se basa en gran medida en una teoría popularizada a principios del siglo XX por un tal Cyrus Scofield. Los preteristas acusan al dispensacionalismo de Scofield de haber sido activamente promovido y financiado por la familia Rothschild de Europa con el fin de promover la causa sionista y fomentar la promoción de un orden imperial mundial muy similar a las políticas aplicadas por los elementos "neoconservadores" de la administración Bush en alianza con la derecha cristiana.

Entre los preteristas más destacados se encuentran figuras como Don K. Preston y John Anderson, que han producido una amplia gama de documentos y vídeos que desafían las enseñanzas y la propaganda dispensacionalistas. Preston y John Anderson, que han producido una amplia gama de documentos y vídeos que cuestionan las enseñanzas y la propaganda dispensacionalistas. Otro es el erudito cristiano de origen sirio Robert Boody, ahora orgulloso ciudadano estadounidense, que ha criticado abiertamente no sólo a los dispensacionalistas, sino también las tendencias decididamente proisraelíes y antiárabes del gobierno de Estados Unidos.

Tal es la influencia de los preteristas en muchos cristianos estadounidenses que los líderes del movimiento dispensacionalista, como Tim LaHaye, se esfuerzan por combatir este mensaje cada vez más influyente.

Así que mientras la derecha cristiana y sus aliados Likudnik entre los neoconservadores están ahora en una posición de fuerza, hay una rebelión creciente en las filas de los buenos cristianos estadounidenses que no creen en la guerra y la destrucción del mundo árabe y musulmán en nombre del imperialismo sionista, sea como sea.

LA INDUSTRIA TERRORISTA ESTADOUNIDENSE-ISRAELÍ

Los medios de comunicación estadounidenses no sólo promueven la alianza extremista cristiana y judía que apoya la red "neoconservadora", sino que también prestan su considerable peso a los esfuerzos de los neoconservadores por poner a los estadounidenses en contra del mundo árabe y musulmán.

Durante muchos años -mucho antes de los atentados del 11 de septiembre- los medios de comunicación estadounidenses difundieron el miedo al "terrorismo" con un mensaje claro: los árabes son terroristas, o al menos terroristas en potencia.

De hecho, como demuestra el dossier, cuando los medios de comunicación recurren a "expertos" para obtener información sobre terrorismo, la mayoría de las veces recurren a fuentes con estrechos vínculos con Israel y su lobby estadounidense.

En 1989, Pantheon Books publicó un libro poco conocido que echaba un vistazo brutal y revelador al desarrollo y crecimiento de lo que los autores llamaban la "industria del terrorismo".

En The 'Terrorism' Industry: The Experts and Institutes That Shape Our View of Terror, el profesor Edward Herman, de la Universidad de Pensilvania, y su coautor, Gerry O'Sullivan, han ofrecido una visión exhaustiva y erudita de cómo poderosos intereses privados (tanto extranjeros como nacionales) han colaborado con organismos gubernamentales en Estados Unidos y en todo el mundo para influir en la forma en que el mundo ve el fenómeno del terrorismo moderno.

Aunque los autores no se centran exclusivamente en el papel de Israel y su grupo de presión estadounidense en la "industria del terrorismo", de sus conclusiones, cuidadosamente documentadas, se desprende con toda claridad que Israel es de hecho un actor principal, y lo ha sido desde el principio.

LA CONEXIÓN KRISTOL - OTRA VEZ

Según los autores: "Muchos institutos y grupos de reflexión que son componentes importantes de la industria del terrorismo nacieron o se desarrollaron rápidamente como parte de una gran ofensiva corporativa en la década de 1970."[115]

Señalan que uno de los principales organizadores y recaudadores de fondos -una poderosa voz de relaciones públicas detrás de esta ofensiva corporativa- fue Irving Kristol, quien "movilizó con éxito a una amplia gama de individuos ricos, corporaciones y fundaciones en la empresa global de recaudación de fondos". Irving Kristol es, por supuesto, el padre de William Kristol, el principal publicista de la ideología de la red "neoconservadora".

Utilizando su influencia en las filas de la élite, fue Kristol senior uno de los principales instigadores de un creciente número de instituciones que dedican sus recursos al estudio del "terrorismo", al menos tal y como lo definen Kristol y sus asociados.

La "guerra contra el terror" era, por tanto, parte integrante de la visión a largo plazo de los neoconservadores, mucho antes del 11 de septiembre.

LA CONEXIÓN ISRAELÍ - UNA VEZ MÁS

En *The 'Terrorism' Industry*, Herman y O'Sullivan ponen de relieve los vínculos israelíes de algunas de las instituciones más conocidas por su participación activa en el análisis y la explicación del terrorismo:

- La neoconservadora Heritage Foundation "ayuda a financiar y participa en actividades conjuntas con institutos de Gran Bretaña e Israel".

---

[115] Salvo que se indique lo contrario, todas las citas siguientes proceden de: Edward Herman y Gerry O'Sullivan. *The "Terrorism" Industry: The Experts and Institutions That Shape Our View of Terror*. (Nueva York: Pantheon Books, 1989).

- El Instituto Judío para Asuntos de Seguridad Nacional (JINSA) "fue organizado y está dirigido por personas estrechamente vinculadas al lobby israelí y puede considerarse una agencia virtual del gobierno israelí".

- El Centro de Estudios Estratégicos e Internacionales de la Universidad de Georgetown incluye a conocidos "expertos" en terrorismo, citados a menudo en los medios de comunicación, como Michael Ledeen, Walter Laquer y Edward Luttwak, que "han mantenido relaciones muy estrechas con Israel y el Mossad".

- El Instituto para el Estudio del Terrorismo Internacional de la Universidad Estatal de Nueva York tiene "amplios vínculos internacionales con la policía militar y los servicios de inteligencia, así como con la derecha estadounidense, europea e israelí [que] reflejan los propios vínculos de [su fundador Yonah] Alexander".

LOS MEDIOS DE COMUNICACIÓN PROMUEVEN LA "INDUSTRIA DEL TERRORISMO

Con estas y otras instituciones transmitiendo "hechos" sobre el terrorismo al público, los medios de comunicación están haciendo su trabajo, según Herman y O'Sullivan, al aceptar sin cuestionar la información (¿o más bien la "desinformación"?) sobre el terrorismo que la industria del terrorismo presenta:

La industria del terrorismo produce la "línea" occidental sobre el terrorismo y selecciona los "hechos" que la apoyan, y los medios de comunicación los difunden al público. El proceso de transmisión es fluido, ya que los medios de comunicación transmiten los mensajes fabricados sin más, funcionando esencialmente como conductos.

"Los medios de comunicación estadounidenses no han planteado ninguna cuestión sobre las premisas y la agenda de la industria del terrorismo y, por lo general, ni siquiera filtran o corrigen los errores literales.

Herman y O'Sullivan citan, a modo de ejemplo, una serie de cuatro artículos sobre "contraterrorismo" que aparecieron en el *New York Times* los días 2, 3, 4 y 5 de diciembre de 1984. Los autores señalan que el *Times* recurrió a funcionarios y expertos israelíes para alrededor del 20% de la información divulgada. Los demás entrevistados eran en su mayoría funcionarios y otros "expertos" estadounidenses, pero los autores no indican si los funcionarios y expertos estadounidenses incluidos en el informe *del* Times tenían algún vínculo con Israel y su lobby estadounidense.

TERRORISMO DE ESTADO CON FINES POLÍTICOS

Los autores afirman, basándose en sus conclusiones, que hay buenas razones para creer que algunos actos de "terrorismo" son, de hecho, provocaciones deliberadas creadas para favorecer la agenda de quienes aparentemente luchan contra el terrorismo. Escriben:

> Los agentes del Estado, así como los de grupos privados, no sólo pueden implicar a terroristas en organizaciones terroristas, sino también incitarles a cometer actos terroristas para justificar su persecución. Ellos mismos pueden cometer actos terroristas -atribuidos a otros- con fines propagandísticos. Creemos que estas acciones tienen una importancia considerable e infravalorada.

> No es difícil para los agentes de las organizaciones de inteligencia detonar una bomba o incluso matar a individuos, o animar o contratar a otros para que hagan estas cosas, y luego hacer una llamada telefónica reivindicando la responsabilidad en nombre de una Red Roja o de una organización palestina. Es una forma fácil de crear el

ambiente moral deseado, y existen pruebas sustanciales de que los Estados han incurrido a menudo en tales prácticas.

El gobierno israelí llevó a cabo una serie de atentados terroristas contra instalaciones estadounidenses en El Cairo en 1955-56, con la esperanza de que fueran atribuidos a egipcios y dañaran las relaciones entre Egipto y Estados Unidos. En Estados Unidos, el FBI ha actuado durante mucho tiempo como agente provocador, incitando a la violencia a organizaciones disidentes infiltradas y llevando a cabo actos de violencia directa, que luego se atribuyen a las personas y organizaciones atacadas.

Como han señalado Herman y O'Sullivan, la cuestión del "terrorismo" es mucho más compleja de lo que parece. Por ello, los estadounidenses deben ser especialmente cautelosos con los informes de los medios de comunicación sobre "terrorismo" y examinar cuidadosamente quién está detrás de ellos.

STEVEN EMERSON - ESPECIALISTA EN DESINFORMACIÓN

Merece la pena examinar a un "experto" en terrorismo citado a menudo por los medios de comunicación. Se trata de Steven Emerson -de quien se dice que es judío, aunque él no lo admite, al menos no públicamente-, que aparece con frecuencia en los medios de comunicación estadounidenses.

Sus detractores le han tachado de "fanático que odia a los árabes y musulmanes", cosa que sin duda es. El periodista independiente John Sugg resumió las actividades de Emerson destacando sus vínculos con Israel

Una mirada más atenta a la carrera de Emerson sugiere que su prioridad no era tanto la información como el ataque implacable a árabes y musulmanes...

Emerson se hizo un nombre a principios de la década de 1990. Publicó libros y artículos, produjo un documental, ganó premios y fue citado con frecuencia. Los medios de comunicación, el Capitolio y el mundo académico le prestaron atención...

A medida que crecía la fama de Emerson, también lo hacían las críticas. El libro de Emerson, *The Fall of Pan Am 103*, fue criticado por la *Columbia Journalism Review*, que señaló en julio de 1990 que algunos pasajes "guardan un sorprendente parecido tanto en el fondo como en el estilo" con artículos del Syracuse, N.Y. *Post-Standard*. Reporteros del periódico de Syracuse contaron a este escritor que habían acorralado a Emerson en una conferencia de Reporteros y Editores de Investigación y le habían obligado a disculparse.

Una reseña *del New York Times* (19/5/91) de su libro *Terrorism* (1991) lo criticó por estar "plagado de errores fácticos... y de un omnipresente sesgo antiárabe y antipalestino". Su vídeo para la PBS de 1994, *Jihad in America* (11/94), fue criticado por su intolerancia y tergiversación: el veterano periodista Robert Friedman (*The Nation*, 15/5/95) acusó a Emerson de "crear una histeria masiva contra los árabes estadounidenses".

... "Es veneno", dice el escritor de investigación Seymour Hersh, cuando se le pregunta cómo perciben a Emerson sus colegas periodistas.... [Emerson] obtuvo un éxito en noviembre de 1996 en *The Pittsburgh Tribune-Review* (11/3/96), propiedad del derechista Richard Mellon Scaife, partidario de Clinton, que también financió en parte *Jihad in America*.

Dado el patrocinio de Scaife, no es sorprendente que Emerson afirmara que simpatizantes terroristas musulmanes frecuentaban la Casa Blanca. Emerson había publicado un comentario similar tres meses antes en *el Wall*

Street Journal (8/5/96), uno de los pocos medios habituales del escritor...

A medida que se han ido reconociendo las responsabilidades de Emerson, éste ha cedido su megáfono a compañeros de viaje menos polémicos. Los agentes federales retirados Oliver 'Buck' Revell y Steve Pomerantz, que dirigen una empresa de seguridad, se hicieron eco de las palabras de Emerson en un artículo *publicado en el Washington Post* el 31 de octubre en el que advertían contra las conspiraciones y las organizaciones de fachada...

Revell también reconoce que otro miembro de la fraternidad es Yigal Carmon, un comandante de la inteligencia israelí de derechas que ha respaldado el uso de la tortura (*Washington Post*, 5/4/95), y que se ha alojado en el piso de Emerson en Washington en viajes para presionar al Congreso contra las iniciativas de paz en Oriente Medio (*The Nation*, 5/15/95).

Vince Cannistraro, consultor de ABC y ex jefe antiterrorista de la CIA, dice de los aliados de Emerson, Pomerantz, Revell y Carmon: "Están financiados por Israel. ¿Cómo lo sé? Porque intentaron reclutarme. Revell niega la afirmación de Cannistraro, pero se niega a hablar de las finanzas de su grupo.

La financiación propia de Emerson no está clara. Ha recibido fondos de Scaife. Algunos de los críticos de Emerson sospechan del apoyo israelí. *El Jerusalem Post* (17/9/94) señaló que Emerson tiene "estrechos vínculos con la inteligencia israelí".

"Lleva la pelota del Likud", dice el periodista de investigación Robert Parry, refiriéndose al partido de derechas que gobierna Israel. Victor Ostrovsky, que desertó de la agencia de inteligencia israelí Mossad y ha escrito libros revelando sus secretos, llama a Emerson "el cuerno", porque pregona las afirmaciones del Mossad.[116]

EL "ABUELO" DEL FANATISMO ANTIÁRABE

Sin embargo, Emerson no es el único mimado de los medios de comunicación al que se considera "experto" en terrorismo y el mundo árabe. Más prominente que Emerson -y sin duda más ampliamente "respetado" en el sentido clásico del término- es el anciano profesor de la Universidad de Princeton Bernard Lewis.

Aunque Lewis es judío y su hijo es miembro activo del AIPAC, el grupo de presión israelí en Washington, los medios de comunicación rara vez o nunca mencionan estos dos detalles, pero hablan mucho de Lewis y promocionan sus libros y conferencias, entre los que destaca su reciente libro *What Went Wrong (Lo que salió mal)*, un despiadado ataque a la historia de los pueblos árabes y musulmanes. De hecho, Lewis es una voz muy alabada -aunque tendenciosa- del movimiento neoconservador.

Adentrándose en lo que el autor describe como "el retorcido mundo de Bernard Lewis", Anis Shivani ha resumido la visión del mundo de Lewis basada en el odio hacia los árabes y los musulmanes:

> Fue Lewis quien acuñó la odiosa frase "choque de civilizaciones" en su magnífico artículo *del Atlantic Monthly* de septiembre de 1990 titulado "Las raíces de la ira musulmana". Este artículo se publicó tras la caída del Muro de Berlín y fue una preparación para la identificación del nuevo enemigo.

---

[116] John F. Sugg, *Fair EXTRA,* enero/febrero 1999, www.fair.org/extra/9901/emerson.html

En este artículo, Lewis rechaza todas las explicaciones obvias -los fracasos de la política estadounidense, por ejemplo- y busca "algo más profundo" que "hace que todos los problemas sean insolubles", sin identificar qué podría ser ese algo más profundo. Rechaza el imperialismo como explicación de la "rabia" y la "humillación", sugiriendo que el antiimperialismo tiene una connotación religiosa [musulmana].

En libros como *The Arabs in History* (1950), *The Emergence of Modern Turkey* (1961), *Semites and Anti-Semites* (1986), *The Jews of Islam* (1984) e *Islam and the West* (1993), Lewis ha enumerado lo que considera patologías incurables del mundo islámico en su estado de humillación suspendida.[117]

Irónicamente, Shivani señala que, a pesar de su reputación de erudito de amplio espectro, la premisa de Lewis descansa sobre una base bastante limitada:

En su nuevo libro, Lewis comienza su relato de "lo que salió mal" con el inicio de los reveses militares otomanos en los siglos XVI y siguientes.

La interpretación que Lewis hace del Islam es fuertemente otomana, pues trata poco de la esencia de las civilizaciones del sur de Asia, el sudeste asiático, Asia central, Persia o el norte de África, y sin embargo extrapola a todo el mundo del Islam a través de los tiempos.[118]

---

[117] Anis Shivani, artículo publicado en la revista *Counterpunch* en counterpunch.org, 14-15 de septiembre de 2002.

[118] *Ibid.*

Observando la profunda propensión de Lewis a desestimar todos los notables logros y la historia de los mundos árabe y musulmán, Shivani concluye:

> Este es el modelo según el cual los estadounidenses están preparados para un asalto final contra aquellos que son lo suficientemente tontos como para pensar que podría haber una alternativa al modelo estadounidense.

> Todos los intentos musulmanes de modernización no han hecho sino aumentar el poder tiránico del Estado; la conclusión es que hay que despojarles de su poder y dejarles en la miseria. [119]

A pesar de la evidente parcialidad de Lewis -o quizá debido a ella-, Lewis desempeñó un papel clave entre bastidores a la hora de influir en las políticas de la administración Bush que condujeron al asalto a Irak. El 5 de abril de 2003, *el New York Times* describió el incendiario libro de Lewis, *What Went Wrong*, como un libro que había ejercido una gran influencia en el pensamiento de la administración Bush, especialmente en el del vicepresidente Dick Cheney.

BERNARD LEWIS Y EL SUEÑO IMPERIAL

El *Times* también reveló que incluso antes de los ataques terroristas del 11 de septiembre, Lewis fue un participante clave en un estudio poco conocido patrocinado por el Secretario de Defensa Donald Rumsfeld y su adjunto, Paul Wolfowitz, que examinaba los antiguos imperios para "comprender cómo mantenían su dominio".[120]

---

[119] *Ibid.*

[120] *New York Times*, 5 de abril de 2003.

En particular, el *Times* no se apresuró a explicar a sus lectores estadounidenses por qué los representantes de su gobierno -un régimen que se enfrenta a numerosos problemas internos, como el analfabetismo, el desempleo, el declive de las infraestructuras, la pobreza y las enfermedades- estarían interesados en las maquinaciones históricas cotidianas de antiguos imperios.

Sin embargo, el hecho de que se pidiera consejo a Lewis sobre un tema así indica la dirección en la que se dirigían los "neoconservadores", mucho antes de la tragedia del 11 de septiembre que les dio el pretexto para actuar.

Para evitar cualquier duda de que la opinión de Lewis es sólo una de las muchas que tiene en cuenta la administración Bush, obsérvese lo que el principal ideólogo imperialista "neoconservador" de la administración Bush, Paul Wolfowitz, dijo admirativamente de Lewis vía satélite en un homenaje a Lewis celebrado en Israel:

> Bernard Lewis ha situado brillantemente las relaciones y los problemas de Oriente Próximo en su contexto más amplio, con un pensamiento verdaderamente objetivo, original y siempre independiente. Bernard nos ha enseñado a comprender la compleja e importante historia de Oriente Próximo y a utilizarla para guiarnos en nuestro camino hacia la construcción de un mundo mejor para las generaciones futuras.[121]

Lamis Andoni, una veterana periodista que ha cubierto Oriente Medio durante unos veinte años para una amplia gama de publicaciones, ha aportado una visión especialmente valiosa de la carrera de Lewis como defensor del nuevo imperialismo. La Sra.

---

[121] Citado por Lamis Andoni, en "Bernard Lewis: In the Service of Empire", publicado en línea en *The Electronic Intifada*, 16 de diciembre de 2002 (véase electronicIntifada.net).

Andoni señala que "Lewis no sólo ha proporcionado una justificación histórica a la 'guerra contra el terror' de Washington, sino que también se ha erigido en el principal ideólogo de la recolonización del mundo árabe mediante una invasión estadounidense de Iraq". [122] Andoni resume la dudosa contribución de Lewis a la amistad y la cooperación internacionales

> La obra de Lewis, en particular su libro *What Went Wrong: Western Impact and Middle Eastern Response,* ha sido una fuente importante de lo que es prácticamente un manifiesto para los defensores de la intervención militar estadounidense para "establecer la democracia en Oriente Medio". Al declarar que los pueblos de Oriente Medio, es decir, los árabes y los iraníes, no han logrado ponerse al día con la modernidad y han caído en "una espiral descendente de odio y rabia", Lewis exoneró las políticas imperiales estadounidenses y proporcionó un imperativo moral para las doctrinas de "ataques preventivos" y "cambio de régimen" del presidente George W. Bush.

> De hecho, según informes publicados y sus propias declaraciones, Lewis ha participado en el cabildeo, desarrollo y promoción de las políticas más duras de la administración Bush a favor de Israel contra los palestinos y el uso agresivo de la fuerza militar estadounidense en la región.

> Su influencia no es sólo el resultado de su talla académica y sus prolíficos escritos sobre el Islam, sino sobre todo de su pertenencia a una alianza de neoconservadores y sionistas de línea dura que llegaron a ocupar puestos clave en la administración Bush.

---

[122] *Ibid.*

El 19 de febrero [de 1998], representantes de la alianza, entre ellos Lewis, [el futuro Secretario de Defensa estadounidense Donald] Rumsfeld [y su futuro Subsecretario de Defensa, Paul] Wolfowitz y otros, firmaron una carta instando al Presidente Bill Clinton a lanzar una ofensiva militar, que habría incluido bombardeos generalizados, para destruir el régimen iraquí.

Lewis da cobertura "académica" a un grupo de presión que aboga abiertamente por la remodelación del mapa regional con el fin de eliminar "la amenaza árabe para Israel". Lewis también considera que Israel y Turquía son los únicos verdaderos Estados-nación de la región y predice la desaparición y desintegración de los Estados árabes desde la Guerra del Golfo. Lewis, que trabajó para el servicio secreto británico durante la Segunda Guerra Mundial, no sólo siente nostalgia de una época pasada, sino que se ha puesto al servicio del nuevo imperio estadounidense, con la esperanza de que tome el relevo de británicos y franceses.[123]

El estadounidense medio que ve a alguien como Bernard Lewis promocionado en los medios de comunicación no tiene ni idea de que este "simpático anciano" -que parece el abuelo de alguien- es en realidad uno de los principales instigadores del tipo de racismo y odio religioso más despiadado que pueda imaginarse, y los principales medios de comunicación nunca lo revelarán, al menos no en Estados Unidos.

EL EXTRAÑO CASO DE JARED TAYLOR

A un nivel mucho más bajo y ciertamente a una escala menos publicitada, algunos elementos se han unido a las filas de la élite

---

[123] *Ibid.*

"neoconservadora" para promover el odio antiárabe y antimusulmán.

Aunque muchos estadounidenses pertenecientes a la llamada "extrema derecha" -que no debe confundirse con el movimiento "neoconservador" en torno a Richard Perle y William Kristol y sus aliados como Steven Emerson y Bernard Lewis- son fuertemente antisionistas o directamente antijudíos, hay un puñado de otras organizaciones de la llamada "derecha" que comparten el fanatismo antimusulmán y antiárabe de los neoconservadores judíos.

Por ejemplo, hay una persona bastante destacada que, aunque los medios de comunicación la tachan a menudo de "racista", ha evitado sin embargo criticar activamente a Israel y es un enemigo declarado de los inmigrantes árabes y musulmanes en Estados Unidos. Se trata de Jared Taylor.

Redactor jefe de una publicación conocida como *American Renaissance*, Jared Taylor es considerado por muchos de sus críticos como un activo de la CIA.

Los críticos señalan no sólo que es licenciado por Yale, un antiguo campo de reclutamiento de la CIA, sino también que ha tenido éxito en los negocios y las finanzas en Extremo Oriente. Además, un libro escrito por Taylor, *Paved With Good Intentions (Pavimentado con buenas intenciones), en el que* afirma que los negros estadounidenses son inferiores a los blancos, ha sido aclamado por *Commentary*, la voz neoconservadora del Comité Judío Estadounidense, editado por Norman Podhoretz, que a su vez ha estado vinculado a actividades financiadas por la CIA desde la década de 1950.

Los vínculos de Taylor con la red "neoconservadora" y la élite neoyorquina son, por tanto, muy sólidos.

Y dada la repercusión que Taylor está teniendo en algunos círculos "de derechas" estadounidenses que son ostensiblemente independientes de la élite "neoconservadora" -como el llamado

"Consejo de Ciudadanos Conservadores" del que es director-, está claro que la voz de Taylor se está oyendo y está teniendo repercusión. En un momento dado, el Consejo de Ciudadanos Conservadores de Taylor publicó un artículo en su sitio web en el que atacaba a los "sucios y podridos árabes y musulmanes".

Los hechos demuestran que Taylor tiene un largo historial de ataques contra árabes y musulmanes. Ya en noviembre de 1993 - hace casi una década, mucho antes de las tendencias antimusulmanas generalizadas en Estados Unidos avivadas por los principales medios de comunicación, en particular tras los atentados terroristas del 11 de septiembre de 2001-, la revista *American Renaissance* de Taylor publicó un artículo titulado "El auge del islam en Estados Unidos", en el que afirmaba que "el islam se encuentra en una peligrosa intersección entre raza e inmigración", y afirmaba:

> El Islam, en sus diversas formas, se encuentra en la intersección de las dos políticas estadounidenses más dogmáticas y autodestructivas: la inmigración y las relaciones raciales. La importación de fanáticos morenos dispuestos a matarse entre sí -y a matarnos a nosotros- por oscuros conflictos en el Levante es pura idiotez. ¿No nos hemos dado cuenta de que los habitantes de Oriente Próximo no sólo luchan en sus propios países, sino también en Europa, para resolver sus rencillas? Importar fanáticos que adoran al mismo dios que los musulmanes negros es idiotez sobre zancos.[124]

Un festival de odio antimusulmán patrocinado por Taylor en la zona de Washington, D.C. durante el fin de semana del 22 de febrero de 2002, hizo saltar las alarmas sobre las intenciones

---

[124] American Renaissance, *noviembre de 1993*.

secretas de Taylor. *La American Free Press*, con sede en Washington, D.C., informó de lo siguiente:

> Si entras en la reciente conferencia de Jared Taylor en American Renaissance, podrías haber pensado que estabas en un mitin pro-Israel, tan omnipresente era la retórica antimusulmana. El planteamiento de Jared Taylor, autodenominado "de pueblo", se hace eco del tema propagandístico israelí de que la religión islámica fue la causa fundamental de la tragedia del 11-S, y no la política proisraelí de Estados Unidos en Oriente Próximo.

> Uno de los participantes en la reunión, un joven Bill White, describió la reunión de Taylor en su sitio web (White) overthrow.com. Aunque el acto le pareció interesante, White -antisionista declarado- afirma que lo que más le preocupó fue "el sesgo decididamente antinegro y antimusulmán de la conferencia".

> La atención se centró en el Islam y los negros y en cómo son malvados y amenazantes, sin una sola palabra sobre los judíos y su influencia en la política. Todos los oradores no abordaron la cuestión sionista-israelí, o lo hicieron en términos filosemitas aduladores, falsos y ridículos". Todos los oradores de la conferencia de Taylor, excepto uno, eran antinegros y antimusulmanes, según White.[125]

Tal vez en consonancia con su postura decididamente antimusulmana, Taylor ya había invitado a un rabino neoyorquino prosionista, Meyer Schiller, como orador principal en una conferencia anterior.

Según *The Forward*, una importante publicación judía estadounidense, Schiller afirma que su influencia sobre Taylor

---

[125] *American Free Press*, 11 de marzo de 2002.

contribuyó a fomentar sentimientos positivos hacia la causa judía estadounidense por parte de Taylor y, por tanto, ayudó a estimular a otros estadounidenses seguidores de las enseñanzas de Taylor a pensar de forma similar.

Aunque, tras ser ampliamente criticado por muchos de sus asociados, Taylor ha hecho desde entonces algunas sugerencias de que la política estadounidense hacia Israel y el mundo árabe puede haber estimulado los atentados terroristas del 11 de septiembre, no ha cejado en sus ataques contra los inmigrantes musulmanes, haciendo el juego a la causa sionista.

Irónicamente, aunque Taylor ha dedicado gran parte de su energía a atacar a los musulmanes, su amigo más cercano y camarada político desde hace mucho tiempo, Mark Weber, corteja asiduamente al mundo musulmán mientras se presenta a sí mismo como "antisionista", lo que lleva a algunos a cuestionar la verdadera naturaleza de la agenda Taylor-Weber.

Weber es hoy más conocido por haber formado parte de un pequeño grupo que, bajo la dirección de un conocido agente de la CIA de larga trayectoria, Andrew E. Allen, orquestó la destrucción de *The Spotlight*, en aquel momento el único periódico estadounidense independiente que planteaba con regularidad y vigor cuestiones sobre la desequilibrada política de Estados Unidos hacia Israel y el mundo árabe y musulmán.

Taylor y los de su calaña son, por tanto, parte integrante de un vasto esfuerzo malicioso por difamar a los pueblos árabe y musulmán, y lo cierto es que su impacto se deja sentir en un momento crítico en el que el lobby sionista considera vital contar con sus "agentes" incluso dentro de los grupos más pequeños - pero aún ligeramente influyentes- de Estados Unidos.

Estas personas utilizan su influencia (por pequeña que sea) para conseguir que los estadounidenses y otros occidentales favorezcan a Israel atacando a árabes y musulmanes, lo que es crucial para los objetivos imperiales de Israel, en concierto con los manipuladores neoconservadores que actualmente dominan la política exterior estadounidense.

¿FUE EL 11 DE SEPTIEMBRE EL "NUEVO PEARL HARBOR"?

El 12 de diciembre de 2002, el periodista John Pilger describió en términos inquietantes en el *New Statesman* cómo el Proyecto para el Nuevo Siglo Americano de William Kristol había determinado que Estados Unidos necesitaba un "nuevo Pearl Harbor" como pretexto para embarcarse en una carrera por la dominación mundial. El tema planteado por Kristol y sus asociados era que si se producía un acontecimiento catastrófico de este tipo, daría a Estados Unidos la oportunidad de aumentar sus fuerzas militares una vez más.

El 3 de junio de 1997 -tres años antes de que George W. Bush llegara a la presidencia e instalara a los neoconservadores en el poder- una serie de neoconservadores, entre ellos Donald Rumsfeld, Dick Cheney y Paul Wolfowitz, firmaron una "declaración de principios" publicada por la organización de Kristol.

La declaración establecía el objetivo de reforzar el poder militar estadounidense para garantizar que Estados Unidos pueda perseguir su hegemonía mundial, sin obstáculos por parte de ninguna nación o naciones que se atrevan a oponerse a la agenda de la élite gobernante estadounidense: sin duda, una declaración de objetivos imperiales.

Un borrador posterior -fechado en septiembre de 2000- del Proyecto para el Nuevo Siglo Americano de Kristol, titulado "Reconstruir las defensas de Estados Unidos: estrategias, fuerzas y recursos para un nuevo siglo", exponía un plan para que Estados Unidos asumiera el control militar de la región del Golfo independientemente de que Sadam Husein siguiera o no en el poder. Afirmaba con franqueza que la necesidad de que Estados Unidos tuviera una presencia en el Golfo Pérsico (es decir, en el

Golfo Arábigo) trascendía la cuestión de si Sadam Husein seguía o no en el poder.

Para hacer realidad este sueño, Kristol y sus colaboradores afirmaron que Estados Unidos debe estar preparado para luchar en muchos lugares, al mismo tiempo, en todo el mundo. Para lograr esta capacidad, dijeron, Estados Unidos debe embarcarse en una gran transformación de su ejército, acompañada de una acumulación masiva de armas. Sin embargo, concluyen, "es probable que el proceso de transformación sea largo, en ausencia de un acontecimiento catastrófico y catalizador, como un nuevo Pearl Harbor".

Dado que los trágicos acontecimientos del 11 de septiembre de 2001 fueron precisamente el "nuevo Pearl Harbor" que desencadenó una acumulación masiva de poder, acompañada de la "guerra contra el terrorismo" que se convirtió -bajo la influencia de los neoconservadores- en una guerra imperial, dirigida primero contra Irak y luego contra el resto del mundo árabe y musulmán, muchos estadounidenses y otras personas se preguntan si los atentados del 11 de septiembre no fueron fomentados y/o patrocinados por Estados Unidos y/o el gobierno de Israel, actuando juntos o en solitario. Estas personas son denunciadas como "teóricos de la conspiración" y/o "hatemongers", a pesar de los hechos.

(El informe especial *de American Free Press* [AFP] -titulado "Fifty Unanswered Questions About 9-11"- contiene abundante información a este respecto, que no ha sido mencionada en los principales medios de comunicación estadounidenses, lo cual es bastante notable. El trabajo del corresponsal internacional de AFP, Christopher Bollyn, ha sido citado a menudo como uno de los más francos a la hora de cuestionar la versión oficial del gobierno estadounidense sobre lo que ocurrió aquel trágico día).

UN ESCENARIO PARA CREAR TERRORISMO...

Muchos estadounidenses que sospechan de tal escenario señalan que existen pruebas de que, en los últimos años, funcionarios estadounidenses han pensado seriamente en la posibilidad de cometer actos de terrorismo en suelo estadounidense. El libro más citado es el del veterano y respetado periodista James Bamford, *Body of Secrets*, publicado en 2001, justo antes de los atentados del 11 de septiembre.

En este libro, Bamford reveló que, ya en enero de 1961, destacados políticos estadounidenses estaban considerando un horrible plan para lanzar ataques terroristas contra ciudadanos estadounidenses y culpar a la Cuba comunista de Fidel Castro.

Aunque el libro de Bamford recibió cierta cobertura mediática, sus impactantes revelaciones sobre la campaña de terror propuesta por el entonces Jefe del Estado Mayor Conjunto, el General del Ejército Lyman Lemnitzer, fueron en gran medida ignoradas.

Lemnitzer, de quien se dice que es judío, pasó a ser miembro del neoconservador Current Danger Committee, el grupo de defensa pública de las políticas propuestas por el experimento del equipo B de Richard Perle, descrito anteriormente en estas páginas. En fin, esto es lo que escribió Bamford

> Según documentos obtenidos para *Body of Secrets*, Lemnitzer y el Estado Mayor Conjunto propusieron en secreto organizar un ataque contra la base naval estadounidense de Guantánamo (Cuba) y luego culpar a Castro de esta acción violenta. Convencida de que Cuba había lanzado un ataque no provocado contra Estados Unidos, la opinión pública estadounidense apoyaría entonces, sin saberlo, la sangrienta guerra emprendida por el Estado Mayor Conjunto en el Caribe. Después de todo, ¿quién creería más en los desmentidos de Castro que en la

palabra de los altos mandos militares del Pentágono? Se pidió a los más altos mandos militares del país que lanzaran una guerra, que sin duda mataría a muchos militares estadounidenses, basándose únicamente en un tejido de mentiras. El 19 de enero, pocas horas antes de que el presidente Dwight Eisenhower abandonara su cargo, Lemnitzer aprobó la propuesta. A medida que se desarrollaban los acontecimientos, el plan se convirtió en la punta de un iceberg muy grande y muy secreto.[126]

Describiéndose a sí mismo como un "planificador imaginativo", Lemnitzer mantuvo su plan inicial en reserva. Sin embargo, tras el fiasco de Bahía de Cochinos de la nueva administración Kennedy, que hizo a Fidel Castro más fuerte que nunca, Lemnitzer relanzó su proyecto como "Operación Northwoods". Bamford informa de que:

El plan, que contaba con la aprobación por escrito del Presidente y de todos los miembros del Estado Mayor Conjunto, preveía el asesinato a tiros de personas inocentes en las calles estadounidenses, el hundimiento en alta mar de barcos con refugiados que huían de Cuba y el desencadenamiento de una ola de terrorismo violento en Washington, D.C., Miami y otros lugares. Se acusaría a personas de cometer atentados que no cometieron; se secuestrarían aviones. Utilizando pruebas falsas, todo esto se achacaría a Castro, dando a Lemnitzer y a su camarilla la excusa y el apoyo público e internacional que necesitaban para lanzar su guerra.[127]

---

[126] James Bamford, *El cuerpo de los secretos*. (Nueva York: Doubleday, 2001), p. 71.

[127] *Ibid.* p. 82.

Lo más preocupante es que no se trata de un proyecto descabellado de "bombarderos locos" del ejército. Según Bamford, "la idea puede haber sido lanzada por el Presidente Eisenhower en los últimos días de su administración".[128]

Bamford informa de que Eisenhower estaba decidido a invadir Cuba y que si Castro no proporcionaba una excusa antes de la toma de posesión del recién elegido presidente John F. Kennedy, Eisenhower sugirió que EEUU "podría pensar en fabricar algo que fuera generalmente aceptable".[129]

Lo que Eisenhower estaba sugiriendo, escribe Bamford, era "un bombardeo, un ataque, un acto de sabotaje llevado a cabo en secreto contra Estados Unidos por Estados Unidos. Su propósito sería justificar el estallido de la guerra. Era una peligrosa sugerencia de un Presidente desesperado".[130] Lemnitzer, protegido de Eisenhower, estaba ansioso por poner en marcha el plan.

Lemnitzer también tenía en mente la posibilidad de terrorismo en suelo estadounidense, perpetrado por estadounidenses contra estadounidenses, pero achacado a Castro. Esta conspiración terrorista contra sus compatriotas también fue planteada por Lemnitzer y sus asesores, que sugirieron lo siguiente:

> Podríamos desarrollar una campaña de terror cubano comunista en el área de Miami, en otras ciudades de Florida e incluso en Washington. La campaña de terror podría dirigirse a los refugiados cubanos que buscan refugio en Estados Unidos.... Podríamos hundir un barco cubano en ruta hacia Florida (real o simulado).... Podríamos alentar

---

[128] *Ibid.*

[129] *Ibid*, p. 83.

[130] *Ibid.*

intentos de asesinato contra refugiados cubanos en Estados Unidos, incluso hiriendo a personas en casos que serían ampliamente publicitados.[131]

Se sugirieron ataques con bombas y, en particular, secuestros de aviones. No se sabe si las propuestas de Lemnitzer llegaron al Presidente Kennedy, escribe Bamford, pero está claro que el Presidente no estaba entusiasmado con el belicista general al que había rechazado un segundo mandato como Jefe del Estado Mayor Conjunto.

Sin embargo, siguiendo los pasos de Lemnitzer, los "intelectuales" de la defensa continuaron formulando planes, transmitidos a la cúpula militar, para provocar la guerra mediante un ataque terrorista escenificado. Al final, sin embargo, ningún plan de este tipo parece haber progresado más allá de la fase de planificación, al menos en lo que respecta a Cuba.

Se plantea la cuestión de si, el 11 de septiembre de 2001, se llevó a cabo otro proyecto tan insidioso. Muchos estadounidenses seguirán preguntándose si eso fue precisamente lo que ocurrió, y siguen apareciendo pruebas que sugieren que así fue.

SE ESTÁ JUGANDO UN JUEGO MUCHO MÁS GRANDE

Ya en 1975, destacados políticos imperialistas como Henry Kissinger veían una posible guerra en Oriente Próximo como un medio para establecer una hegemonía imperial global.

De hecho, el escenario parece sugerir que todo el conflicto árabe-israelí por Palestina se inició, desde el principio, con el objetivo específico de desencadenar una guerra mundial.

---

[131] *Ibid*, pp. 84-85.

Este revelador escenario se presentó en los asombrosos (y probablemente poco leídos) párrafos finales de un libro de 1975, largamente olvidado, *The Arabs: Their History, Aims and Challenge to the Industrialized World (Los árabes: su historia, objetivos y desafío al mundo industrializado)*, de Thomas Kiernan, un escritor estadounidense prosionista.

Aunque el Sr. Kiernan no nombró al político de alto rango que esbozó este asombroso plan geopolítico, describió a la persona que afirmaba esta visión del mundo como "un alto funcionario del Departamento de Estado estadounidense que ha desempeñado un papel central en los esfuerzos de mediación de Henry Kissinger durante los dos últimos años".

Esta descripción, por supuesto, podría incluir al propio Kissinger y, de hecho, el orador era probablemente Kissinger. Si no lo era, el orador reflejaba sin duda el pensamiento de Kissinger como actor clave en las maquinaciones globales de Kissinger.

En respuesta a una pregunta de Kiernan sobre la posibilidad de resolver el conflicto de Oriente Medio sin una guerra mundial, el orador (tal vez Kissinger) dijo:

> La evolución de los acontecimientos en Oriente Próximo a lo largo de este siglo puede compararse a la construcción, si se puede imaginar, de una pirámide invertida.

> El vértice, que en el caso de semejante pirámide resulta ser su base, se formó por el inevitable conflicto entre las necesidades y la ambición de los sionistas extranjeros, por un lado, y el orgullo y la aspiración de los árabes locales, por otro.[132]

---

[132] Thomas Kiernan. *The Arabs* (Boston: Little Brown & Company, 1975), p. 425.

Obsérvese que el orador admite que el conflicto resultante de la inserción del Estado sionista en el territorio árabe de Palestina era "inevitable". Algunos han sostenido durante una generación que éste era el objetivo de la provocadora creación de Israel. Continuó:

> A medida que la pirámide crecía, las piedras de cada piso sucesivo se enriquecían con otros elementos: las pasiones y necesidades de otros intereses extranjeros, las pasiones y aspiraciones de otros grupos nacionales dentro del mundo árabe. Cada nivel sucesivo ha absorbido más mundo. Hoy, la pirámide está completa. Y ahí está, en equilibrio incongruente sobre su punta, con sus cuatro lados extendiéndose hacia arriba y hacia fuera, a todos los rincones del mundo.[133]

En otras palabras, la crisis de Oriente Próximo ha empezado a arrastrar al resto de naciones del mundo, como ocurre hoy con la actual pugna entre Estados Unidos y aliados tradicionales como Francia y Alemania, por no mencionar la oposición de Rusia y China, en torno a la cuestión de la guerra contra Irak, una consecuencia del propio conflicto palestino-israelí. El escenario descrito continúa

> Todos sabemos que es imposible que una pirámide se sostenga libremente boca abajo. Hasta ahora, el resto del mundo la ha sostenido sobre sus cuatro esquinas.

> Aunque a veces se caía precariamente, conseguía mantenerse más o menos en pie. Pero el esfuerzo por mantenerle erguido ha supuesto una carga cada vez mayor para quienes le sostienen.

---

[133] *Ibid.*

Los psicólogos nos dicen que las tensiones se resuelven de dos maneras. Una es la explosión. La otra es la retirada. El mecanismo de lucha o huida que forma parte del sistema de reacción de todo ser humano.

Ahora dime tú. ¿Se resolverá el problema pacíficamente? ¿O será necesaria una guerra mundial para resolverlo

Si mi analogía es correcta, el resultado final no puede cuestionarse.[134]

En otras palabras, una guerra mundial debe ser el resultado del conflicto árabe-israelí. El escenario continúa:

De cualquier forma -ya sea que una parte u otra relaje su apoyo a la pirámide y se retire, o que una parte u otra opte por erradicar su tensión arremetiendo contra ella- la pirámide perderá su equilibrio y se derrumbará.

De un modo u otro, la resolución de la situación surgirá del polvo y los escombros de la pirámide que se ha derrumbado. El conflicto árabe-israelí, que está en la raíz de todo, caerá en el olvido.[135]

Una vez más, se sugiere que el conflicto árabe-israelí está en el centro de la guerra mundial descrita en este aterrador escenario. El guión concluye:

_____

[134] *Ibid*, p. 426.

[135] *Ibid*.

Oriente y Occidente tendrán que conformarse con las sobras, como buitres alimentándose de carroña. Es decir, si Oriente y Occidente siguen existiendo.[136]

Obsérvense las palabras finales: "si todavía hay un Oriente y un Occidente". ¿Qué naciones se aliarán como "Oriente" y cuáles como "Occidente"

¿Están tomando forma nuevos alineamientos que sustituyan a la tradicional era de la Guerra Fría de "Estados Unidos contra la URSS"

¿Es el mundo árabe -como el resto de la humanidad- sólo un peón en un juego mucho mayor en el que los neoconservadores son meros instrumentos

El resultado final de la búsqueda de un imperio global, dictado por el poder militar estadounidense en manos de unos pocos privilegiados, una camarilla de halcones de guerra neoconservadores de línea dura, los "sumos sacerdotes de la guerra", aún está por ver. Sin embargo, por lo que hemos visto hasta ahora, se ha derramado y se seguirá derramando mucha sangre.

La desastrosa aventura de Estados Unidos en Irak no ha **hecho** más que empezar. Desde que George W. Bush declaró la "victoria" en Irak, las cosas no han hecho más que empeorar. El efímero triunfo de Estados Unidos se ha convertido en una debacle al estilo de Vietnam, y las bolsas de cadáveres siguen volviendo a casa.

El mito neoconservador de las "armas de destrucción masiva" de Sadam hace tiempo que ha sido declarado la mentira que la gente informada sabía que era. Muchos estadounidenses de a pie se dan

---

[136] *Ibid.*

cuenta ahora de que el pretexto para la guerra contra Irak no era más que mentiras y propaganda a la antigua usanza, pura y simple.

La verdad es que el Presidente de los Estados Unidos ha mentido al pueblo estadounidense y al mundo. Se ha dejado influir por sus asesores neoconservadores -todos mentirosos- y han allanado eficazmente el camino para la muerte de cada vez más estadounidenses y personas en todo el mundo. El resultado final podría ser una conflagración mundial.

No hay absolutamente nada "americano" o "patriótico" en las motivaciones ideológicas, religiosas o geopolíticas de los sumos sacerdotes neoconservadores de la guerra, aunque ahora afirmen ser los verdaderos patriotas, los verdaderos líderes, los verdaderos luchadores por las tradiciones americanas. Nada más lejos de la realidad.

Estados Unidos -y el mundo- estarán mejor servidos con una determinación franca e inquebrantable de exorcizar a estos depredadores de una vez por todas.

Ha llegado el momento. **Hay que** hacer **algo.**

UNA ÚLTIMA PALABRA...

¿Quién dirigirá América... cuando América dirija el Nuevo Orden Mundial

Un examen de la "agenda secreta detrás de la agenda" de los sumos sacerdotes de la guerra.

Las Naciones Unidas, tal y como las conocíamos, pueden considerarse un fantasma del pasado. La ONU ha sido relegada a un segundo plano, marginada, relegada al cubo de la basura -al menos temporalmente- por los soñadores de un mundo único que una vez vieron en este organismo mundial el medio para establecer una hegemonía global. Los imperialistas de hoy ven ahora al Tío Sam como su policía mundial oficialmente designado o, en sus términos más académicos, "el centro de un nuevo sistema internacional". [137] El objetivo es "un mundo que se parezca a Estados Unidos y que, por tanto, sea seguro para todos".

Sin embargo, a pesar de la retórica -que podría resultar atractiva para muchos patriotas estadounidenses básicos (o para quienes se consideran tales)-, la situación no es tan sencilla. Esta agenda es más compleja de lo que parece.

Lo que podría describirse como el Gran Plan para un Nuevo Orden Mundial -a raíz del nuevo papel "imperial" de Estados

---

[137] A menos que se indique lo contrario, las siguientes citas están tomadas del *Journal of International Security Affairs* del verano de 2003, publicado por el Jewish Institute for National Security Affairs de Washington, D.C. Véase su sitio web en JINSA.org.

Unidos- se expuso con toda franqueza en un importante documento político en dos partes publicado en *los* números de verano de 2003 e invierno de 2004 del *Journal of International Security Affairs*, el órgano interno del influyente Instituto Judío para la Política de Seguridad Nacional (JINSA), que se citó repetidamente en las páginas de *Los Sumos Sacerdotes de la Guerra*.

JINSA, que en su día fue un think-tank poco conocido en Washington, es ahora reconocido públicamente como quizás la fuerza orientadora más específica de la actual política exterior de la administración Bush. En consecuencia, cuando un artículo es publicado por JINSA, tiene mucho peso.

El autor, Alexander H. Joffe, académico proisraelí, ya ha escrito anteriormente en las páginas de esta publicación de JINSA, y el hecho de que se le haya concedido tanto espacio para ensalzar sus teorías refleja sin duda la alta estima en que se tienen sus opiniones.

La serie en dos partes de Joffe se titulaba "El imperio que no se atrevió a pronunciar su nombre". En su ensayo, Joffee admite francamente que "Estados Unidos es un imperio" y argumenta que, sí, eso es algo muy bueno.

Joffe sostiene que cuando la ONU se atrevió a enfrentarse al sionismo, marcó el fin de la ONU en la mente de los internacionalistas. Joffe escribe:

La desaparición de la Asamblea General como órgano creíble puede atribuirse plausiblemente a la infame resolución "El sionismo es racismo" de 1975. El escritor de JINSA argumenta que el mundo debería estar "agradecido" de que la ONU haya sido "desacreditada, reducida a una farsa y finalmente paralizada", refiriéndose por supuesto a las posiciones de la ONU que los sionistas y sus aliados en el movimiento del imperio global encuentran ofensivas.

Tras la desaparición de la ONU como vehículo de gobierno mundial, escribe Joffe, "ahora tenemos la oportunidad, y la obligación, de empezar de nuevo". Sin embargo, advierte de que la emergente Unión Europea (UE) supone una amenaza para el sueño de un imperio global.

El autor de JINSA afirma que la UE es una "visión alternativa de la comunidad internacional" que, según él, es francamente "el auténtico contrapeso al imperio estadounidense". Según el autor sionista, el mayor problema al que se enfrentan Europa y la UE es que "la cultura sigue estando en el centro de los problemas de Europa". El nacionalismo es una doctrina nacida en Europa, al igual que sus mutantes viciosos: el fascismo y el comunismo".

(Nota: Acérrimo defensor del supernacionalismo israelí, el autor, Joffe, no parece ver la falta de lógica en su ataque al nacionalismo *de otros* pueblos - pero, de nuevo, la honestidad nunca ha sido parte integrante del punto de vista sionista de línea dura).

Joffe se queja de que aunque "el nuevo imperio europeo es multicultural en teoría... en realidad está dominado política y culturalmente por Francia y económicamente por Alemania". Hoy, en la UE, dice, "impulsada por un sentimiento de culpa poscolonial y de aburrimiento de posguerra, se ha abierto la puerta a todas las ideas. En los niveles más siniestros, ha permitido e incluso legitimado una vasta explosión de pensamiento y acción desordenados, a saber, el antiamericanismo, el antisemitismo y una amplia variedad de teorías conspirativas".

(Las denominadas "teorías de la conspiración" que tanto preocupan a este teórico sionista son las que se atreven a cuestionar las opiniones "oficiales" sobre lo que ocurrió realmente el 11 de septiembre de 2001. Se enardece porque millones de personas en Europa y en el mundo musulmán -por no hablar de Estados Unidos- han planteado dudas sobre el conocimiento previo y/o la implicación de Israel en esos sucesos).

En cualquier caso, lo que Joffe describe como "el otro tipo de internacionalismo liberal" es lo que favorece el movimiento sionista, y Joffe lo define

> El imperio estadounidense no tiene competidores reales ni teóricos. El objetivo del imperio estadounidense en el siglo XXI no es el control territorial ni la explotación de recursos, sino un liderazgo político y económico que defienda y promueva los intereses estadounidenses y fomente el desarrollo y el bienestar de todas las naciones. Dada nuestra historia y nuestros valores, ese futuro pasa por aprovechar el imperio estadounidense para que se convierta en la base de un nuevo sistema internacional democrático.

> En última instancia, la única respuesta para un planeta estable y próspero será un sistema global estructural y moralmente similar a la Unión Americana: Estados semiautónomos con sistemas democráticos liberales y laicos; donde los Estados tengan tanto derechos prescritos como responsabilidades acordadas dentro de un marco democrático liberal y laico más amplio; un sistema dotado de controles y equilibrios e instituciones significativas; con una gobernanza basada en el Estado de Derecho y en valores tolerantes y pluralistas.

En la segunda parte de su ensayo, publicado en el número de invierno de 2004 de la revista JINSA, Joffe continuó esta línea de pensamiento, ampliando su llamamiento a lo que describió como "un imperio que se parezca a Estados Unidos".[138]

Sorprendentemente, Joffe habla con franqueza de la implicación de EE.UU. en conquistas imperiales masivas en zonas de África

---

[138] A menos que se indique lo contrario, las siguientes citas están tomadas del *Journal of International Security Affairs* de invierno de 2004, publicado por el Jewish Institute for National Security Affairs de Washington, D.C. Véase su sitio web en JINSA.org.

asoladas por conflictos, presumiblemente después de que EE.UU. ya haya causado estragos en los países árabes de Oriente Medio:

> Las condiciones en las que Estados Unidos y sus aliados simplemente tomarían el control de los países africanos y los restaurarían distan mucho de estar claras. ¿Cuáles son los umbrales para la intervención? ¿Cuáles son los procedimientos y los resultados? ¿Quién luchará y quién pagará? Restaurar África implicaría compromisos a largo plazo y costes inmensos, que sólo podría pagar la propia África. En otras palabras, probablemente requeriría el control económico estadounidense, así como el control político y cultural. El colonialismo siempre se paga sobre la marcha, y eso no es agradable de ver. La cuestión es si África puede pagar el precio (o permitirse no hacerlo) y si Estados Unidos tiene estómago para ello.

Por supuesto, África no es el único objetivo de Joffe y los de su calaña (que es precisamente lo que son, por muy "extremo" que se perciba ese término). De hecho, Joffe habla de un vasto programa global que va mucho más allá del continente africano.

Sin embargo, Joffe acaba desvelando las verdaderas intenciones de quienes utilizan el poder militar estadounidense como mecanismo para conseguir un objetivo más amplio. Deben surgir nuevos acuerdos", afirma, "bajo la égida de Estados Unidos para ofrecer una alternativa a aquellos Estados que estén dispuestos a aceptar derechos y responsabilidades". Joffe sueña con unas Naciones Unidas refundadas bajo el poder imperial de Estados Unidos. Por último, predice la posibilidad de un gobierno mundial, escribiendo:

> Es posible que tras un periodo de caos e ira, que en cualquier caso sólo intensificaría los estados existentes, la institución [las Naciones Unidas] se vea empujada a cambiar. (Nótese el uso de la palabra "apaleada" - CMP).

> En lugar de un club que admita a todo el mundo, las Naciones Unidas del siglo XXI podrían transformarse -

algún día, de un modo u otro- en un grupo exclusivo, al que sólo se pueda acceder por invitación, de Estados libres y democráticos que compartan valores similares. O, en última instancia, ser sustituidas por una sola. Ese día, sin embargo, puede estar a décadas de distancia.

Si hay alguna duda de que está hablando de un gobierno mundial, basta con leer la conclusión de Joffe:

> La mejor manera de preservar el imperio estadounidense es acabar renunciando a él. La gobernanza mundial sólo puede establecerse con liderazgo estadounidense e instituciones dirigidas por Estados Unidos, del tipo descrito esquemáticamente en este documento.

Y así es. A pesar de toda la retórica sobre la "democracia", en realidad, según este ideólogo proisraelí, se trata de utilizar el poderío militar de Estados Unidos para hacer avanzar una agenda (secreta) totalmente diferente. Incluso muchos defensores de la bandera (y quizá auténticos patriotas) que se deleitan con el concepto de imperio estadounidense pueden encontrar los conceptos de Joffe algo diferentes de lo que podrían percibir en otras circunstancias.

Pero es aquí, en las páginas de un periódico prosionista, donde nos enteramos precisamente de cuál es la "historia detrás de la historia". No tiene nada que ver, de hecho, con una "América fuerte", ni siquiera con la propia América.

Los Estados Unidos de América no son más que un peón -aunque poderoso- en el juego, movido despiadadamente por una élite que actúa entre bastidores como parte de un plan de dominación mundial.

Y, al final, nos dice mucho sobre la identidad de los Sumos Sacerdotes de la Guerra y sus objetivos. No hay ningún misterio aquí.

Lo que queda por determinar es lo que el pueblo estadounidense -y todos los demás verdaderos patriotas de las naciones de todo el mundo- se proponen hacer al respecto.

La pregunta es: ¿decidirá por fin el mundo que *es* hora de declarar la guerra a los sumos sacerdotes de la guerra

-MICHAEL COLLINS PIPER

GRAND ETAT D'ISRAEL
DU NIL JUSQU' À L'EUPHRATE

GREATER ISRAEL
FROM THE NILE TO THE EUPHRATES

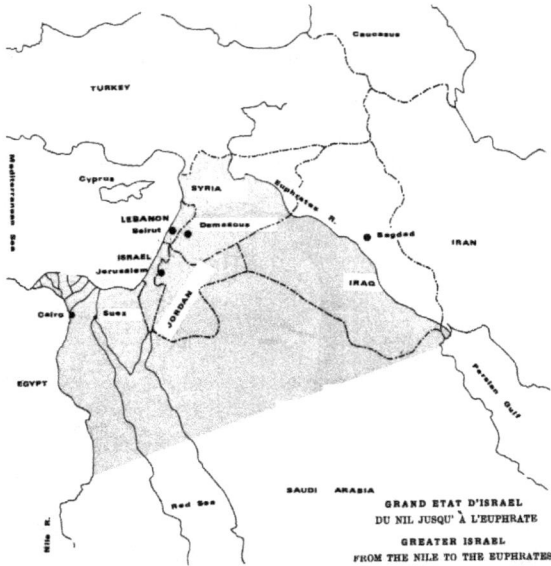

SECCIÓN DE FOTOGRAFÍAS

Este mapa ilustra lo que los neoconservadores estadounidenses de línea dura y sus aliados en Israel perciben como las fronteras definitivas del llamado Gran Israel. Aunque los neoconservadores niegan que éste sea su objetivo, lo cierto es que muchos dirigentes sionistas han esbozado francamente a lo largo de los años el sueño del "Gran Israel". Cabe señalar que las fronteras del Gran Israel incluyen gran parte del territorio que los no judíos de todo el mundo reconocen como perteneciente a otros países. De hecho, la mayoría de la gente (incluso muchos intelectuales bien informados) no tiene ni idea de que este concepto del "Gran Israel" es parte integrante del punto de vista neoconservador, y que la guerra de Estados Unidos contra Irak fue un primer paso para lograr el objetivo del "Gran Israel". Las políticas de la camarilla neoconservadora que controla la administración del presidente estadounidense George W. Bush (abajo a la izquierda) están ideológica y geopolíticamente alineadas con los expansionistas israelíes

del Likud, aliados con el "carnicero" israelí Ariel Sharon (arriba a la derecha).

Los recursos del barón de los medios de comunicación Rupert Murdoch (izquierda) son una de las principales bazas de la red de propaganda neoconservadora proisraelí. Sus publicaciones, como el *New York Post* y el *Weekly Standard*, son los principales portavoces de los intereses de Israel. Los críticos de Murdoch sostienen que es esencialmente un "testaferro" muy bien pagado de mecenas multimillonarios de Israel como Edgar Bronfman, Sr. (centro), durante mucho tiempo jefe del Congreso Judío Mundial, y Lord Jacob Rothschild (derecha), del legendario imperio bancario europeo. La propaganda de Murdoch se complementa con la de otros editores proisraelíes como Mortimer Zuckerman (abajo a la izquierda), que fue presidente de la Conferencia de Presidentes de las Principales Organizaciones Judías Estadounidenses y es propietario de *U.S. News & World Report, The Atlantic* y *The New York Daily* News, Martin Peretz (abajo en el centro), editor del influyente *New Republic*, y el líder de la secta coreana Sun Myung Moon (abajo a la derecha), una creación de la agencia de inteligencia coreana controlada por la CIA. *The Washington Times*, el periódico de Moon, que es prácticamente el órgano de la casa republicana, es el diario neoconservador más leído en la capital del país.

William Kristol (izquierda) y su padre, Irving Kristol (derecha), son los principales publicistas de la red neoconservadora del lobby israelí. El Kristol más joven -una "cabeza parlante" omnipresente en los medios de comunicación, lo que le da una publicidad infinita- es editor y redactor jefe del *Weekly Standard* de Rupert Murdoch y dirige dos importantes organizaciones, Empower America y el Project for the New American Century. El mayor de los Kristol -que empezó siendo un ferviente seguidor estadounidense del gángster soviético León Trotsky (abajo a la izquierda) y llegó a asociarse con dos organizaciones "culturales" financiadas por la CIA- es la fuerza impulsora de dos influyentes revistas, *The National Interest* y *The Public Interest*, y ha sido el auténtico "padrino" del movimiento neoconservador, promoviendo incluso una "guerra contra el terror" mucho antes de los atentados terroristas del 11 de septiembre de 2001. Los Kristols están estrechamente vinculados a la Fundación Lynde y Harry Bradley, que financia a muchos grupos de fachada neoconservadores. Un antiguo colaborador de los Kristols, desde hace más de 50 años, es su colega "ex trotskista" Norman Podhoretz (abajo a la derecha), que adquirió una considerable influencia como editor de *Commentary*, la influyente revista "neoconservadora" del Comité Judío Americano. El hijo de Podhoretz, John, primero se unió a William Kristol en el *Weekly Standard*, pero ahora trabaja en *el New York Post* de Murdoch, donde escribe artículos pro-israelíes.

Desde principios de la década de 1970, Richard Perle (izquierda) y Frank Gaffney (centro) fueron agentes clave del lobby israelí en el Capitolio, trabajando en la oficina del senador Henry M. "Scoop" Jackson, un demócrata de Washington fanáticamente proisraelí (derecha) cuyas ambiciones presidenciales fueron financiadas en gran medida por partidarios de Israel. Mientras formaba parte del equipo de Jackson, Perle fue investigado por el FBI por espiar para Israel, pero la investigación fue archivada. En la actualidad, Perle y Gaffney son figuras clave de la red de propaganda neoconservadora proisraelí. Otros estrechos colaboradores de Perle desde hace mucho tiempo son Michael Ledeen (abajo a la izquierda), antiguo miembro del Consejo de Seguridad Nacional de la administración Reagan que abogó por la "destrucción creativa" del mundo árabe, Elliott Abrams (abajo en el centro), yerno de Norman Podhoretz (un "ex trotskista" asociado al padrino neoconservador Irving Kristol) y John Lehman (abajo a la derecha), ex Secretario de Marina, que en su día se unió a Perle en una empresa para promover los intereses de un fabricante de armas israelí. Abrams es ahora el especialista en Oriente Medio del Consejo de Seguridad Nacional de la administración de George W. Bush. Lehman es miembro de la comisión creada para "investigar" los atentados terroristas del 11 de septiembre.

En los últimos días de la administración de Gerald Ford (1974-1976), Richard Perle fue una figura clave en el Washington oficial, organizando y promoviendo el "Equipo B" de partidarios de la línea dura pro-Israel que trabajaban para promover la causa de Israel dentro de la comunidad militar y de inteligencia estadounidense. John Paisley (izquierda), un antiguo funcionario de la CIA que se opuso enérgicamente a la propaganda pro-israelí del Equipo B y trabajó entre bastidores para combatirla, fue asesinado, casi con toda seguridad por el Mossad israelí. Entre los "halcones" reclutados por Perle para el "Equipo B" estaba Paul Wolfowitz (centro), que ahora es, como Vicesecretario de Defensa, el funcionario de política exterior más influyente de la administración Bush "Dubya". Wolfowitz y su adjunto, Douglas Feith (derecha), otro avezado defensor de Israel, son los verdaderos responsables del Secretario de Defensa Donald Rumsfeld (abajo a la izquierda). El protegido de Wolfowitz, I. Lewis "Scooter" Libby (abajo en el centro), dirige la oficina del vicepresidente Dick Cheney (abajo a la derecha). Antes de convertirse en vicepresidente, Cheney demostró su apego a Israel formando parte de la junta directiva del Instituto Judío para Asuntos de Seguridad Nacional, vinculado a Perle.

El empresario Michael Saba (izquierda) y el veterano periodista al que está dedicado este libro, Andrew St. George (derecha), comparten un brindis (arriba). Ambos han colaborado estrechamente durante años tratando de sacar a la luz el escándalo de espionaje israelí en el que estaba implicado Stephen J. Bryen (extrema derecha), antiguo colaborador de Richard Perle. Saba ha escrito un libro sobre el asunto Bryen, *The Road to Armageddon*, mientras que su amigo St. George ha escrito extensamente sobre el escándalo en las páginas de *The Spotlight,* una de las pocas publicaciones que se han atrevido a investigar el asunto. Saba, activista árabe-estadounidense por los derechos civiles, se encontraba por casualidad en un café de Washington justo cuando Bryen (entonces alto funcionario del Congreso) pasaba secretos de defensa estadounidenses a agentes israelíes. Saba escuchó la trama y, al reconocer a Bryen, informó de lo sucedido al FBI. Aunque un fiscal federal judío-estadounidense quería acusar a Bryen de espionaje, la presión de los aliados de alto rango de Bryen hizo que se retirara la acusación. Más tarde, Bryen fue recompensado con un puesto de alto nivel en el Departamento de Defensa de la administración Reagan como adjunto de Richard Perle y pasó a fundar el influyente Instituto Judío para Asuntos de Seguridad Nacional, que ahora se considera la fuerza rectora de la política exterior de la administración Bush.

Ninguna descripción de la locura y el fanatismo rampantes en los círculos neoconservadores estaría completa sin una referencia a uno de los más acérrimos defensores de Israel en Washington, el Fiscal General John Ashcroft (derecha), visto delante de la estatua clásica "El Espíritu de la Justicia" en el Departamento de Justicia. Esta foto fue tomada antes de que Ashcroft gastara 8.000 dólares del dinero de los contribuyentes en cubrir el pecho de esta fabulosa

obra de arte clásico porque ofendía su sensibilidad. Se dice que Ashcroft teme a los gatos de percal (recuadro) porque, por motivos religiosos, los considera "herramientas del diablo". Ashcroft ha tachado de "leyenda urbana" las pruebas de actividades específicas de conocidos agentes de inteligencia israelíes en suelo estadounidense, antes y el mismo día de los atentados del 11 de septiembre. Y no lo es.

Uno de los actores clave de la red de Richard Perle es el veterano del Equipo B Paul Nitze (izquierda), que a principios de los años sesenta participó en la recientemente revelada Operación Northwoods, dirigida por otro incondicional proisraelí, el general Lyman Lemnitzer (centro), que consistía en organizar atentados terroristas en suelo estadounidense atribuyéndolos falsamente al dictador cubano Fidel Castro. Daniel Pipes (derecha), hijo de Richard Pipes y recluta del equipo B de Perle, es un protegido más joven de Perle. Virulentamente antiárabe y antimusulmán, Pipes siempre ha gozado de una amplia y amistosa publicidad en los medios de comunicación. George W. Bush recompensó a Pipes por su incitación al odio nombrándole miembro del Instituto Estadounidense de la Paz que, dada la presencia de Pipes, tiene un nombre claramente inapropiado.

Christopher Bollyn (arriba) fue uno de los primeros periodistas en revelar que los principales neoconservadores habían proclamado de hecho que un "nuevo Pearl Harbor" podría servir de pretexto para que Estados Unidos lanzara una campaña por el imperio mundial. Esto es lo que ocurrió cuando "Dubya" Bush lanzó la guerra contra Irak, después de haber engañado a muchos estadounidenses, mediante mentiras descaradas, haciéndoles creer que Irak había desempeñado un papel en los atentados terroristas del 11 de septiembre. De hecho, ya en 1975, el infame intrigante Henry Kissinger (izquierda) sugería que una guerra en Oriente Próximo podría sentar las bases para un mundo realineado del tipo soñado por los neoconservadores.

Tres figuras que promueven la agenda de Israel dentro de la llamada "Derecha Cristiana" deben sus carreras al patrocinio de los capos neoconservadores William e Irving Kristol. William Bennett (izquierda) -nombrado Secretario de Educación de Ronald Reagan con el apoyo de Irving Kristol- dio al joven Kristol su primer trabajo gubernamental de alto nivel. Desde entonces, Bennett se ha convertido en un autor y conferenciante muy bien pagado y es copresidente de la Operación Empower America de Kristol. El ex embajador Alan Keyes (centro), compañero de universidad del joven Kristol, ha ganado mucho dinero presentándose a diversos cargos y pagándose grandes sueldos con los fondos de sus campañas. Gary Bauer (derecha), que comparte piso de vacaciones con Kristol, afirma que el apoyo a Israel está en el corazón de los "valores familiares" cristianos. Los críticos sostienen que las "desesperadas" candidaturas de Keyes y Bauer en las primarias presidenciales del Partido Republicano de 2000 fueron instigadas por William Kristol, que esperaba que sus esfuerzos restaran votos a Pat Buchanan -crítico con Israel-, popular entre los votantes cristianos por su oposición al aborto. Los teleevangelistas (de abajo a la izquierda) Jerry Falwell, Pat Robertson y Tim LaHaye son claramente más influyentes entre la derecha cristiana. El trío ha cosechado inmensos beneficios de contratos de radiodifusión y publicación que sólo han sido posibles porque han sido "aprobados" por poderosas familias e intereses proisraelíes que ejercen una inmensa e innegable influencia sobre los medios de comunicación.

Cuando quienes controlan la agenda de los medios de comunicación quieren un rostro "erudito" para promover los ataques contra el mundo árabe y musulmán, recurren a Bernard Lewis (izquierda), un judío británico considerado una autoridad en el mundo islámico, pero cuyo propio origen étnico nunca se menciona. Lewis -que envuelve su fanatismo en una prosa elegante- es el padre de una figura destacada del AIPAC, el lobby israelí. Cuando los medios de comunicación quieren historias sensacionalistas sobre conspiraciones árabes, exageran las teorías del llamado "experto en terrorismo" Steven Emerson (centro), que no es un "experto" sino simplemente un escritor de poca monta bien pagado y financiado por múltiples fuentes pro-Israel. Charles Krauthammer (derecha), psiquiatra reconvertido en periodista que aboga por una guerra total de Estados Unidos contra el mundo musulmán, es un odiador neoconservador especialmente estridente. Supera incluso al incondicional neoconservador George Will en su obsesivo interés por parlotear sin cesar sobre lo maravilloso que es Israel y lo horrible que es cualquiera que lo critique.

Dos amigos íntimos y antiguos miembros del Congreso, Newt Gingrich (izquierda) y Vin Weber (derecha) son portavoces de confianza de la agenda neoconservadora. La esposa de Gingrich incluso recibió un estipendio de una empresa israelí cuando Newt estaba en el Congreso. Cuando Newt se vio envuelto en el escándalo de los cheques de la Cámara de Representantes y se vio obligado a abandonar su cargo, el cortejo de Weber a Israel dio sus frutos: William Kristol reclutó a Weber para copresidir su unidad Empower America. Weber y Gingrich también fueron reclutados por el Council on Foreign

Relations, el "primo estadounidense" del Royal Institute for International Affairs de Londres, financiado por Rothschild.

Los senadores John McCain (R-Ariz.) -izquierda- y Joe Lieberman (D-Conn.) -centro- fueron de los más ardientes defensores de la guerra contra Irak en el Congreso. Otro fanático pro-Israel, el senador James Inhofe (R), republicano de Oklahoma, llegó a afirmar en el pleno del Senado que Dios había abierto una puerta espiritual que permitió el ataque del 11 de septiembre contra EEUU porque EEUU no había apoyado suficientemente a Israel. Por el contrario, el representante Jim Moran, demócrata liberal de Virginia (abajo a la izquierda), fue maltratado por los medios de comunicación nacionales por sugerir que la comunidad judía estadounidense tenía suficiente influencia para impedir la guerra contra Iraq. Los medios de comunicación informaron -sólo una vez y de pasada-de que las declaraciones de Moran respondían a una pregunta amistosa de un elector judío de Moran que estaba de acuerdo con la oposición de Moran a la guerra. El senador Robert Byrd de Virginia Occidental (abajo en el centro) y el representante Dennis Kucinich de Ohio (abajo a la derecha) han estado entre los miembros más elocuentes y francos del Congreso en su lucha contra los planes de los neoconservadores de arrastrar a Estados Unidos a la guerra. Los propietarios proisraelíes de las principales cadenas de televisión y periódicos se lo pagaron con creces a Kucinich imponiendo un apagón virtual en su campaña presidencial de 2004.

Aunque el presidente George W. Bush (izquierda) ha descrito a menudo al líder iraquí Saddam Hussein (centro) como "el tipo que intentó matar a mi padre", refiriéndose a una teoría conspirativa endeble y aparentemente sin fundamento según la cual Saddam urdió un "complot" contra el ex presidente George H. W. Bush (derecha), lo que el Bush más joven nunca menciona es que el amigo de su padre y compañero republicano, el ex congresista de Illinois Paul Findley (abajo a la izquierda) reveló en 1992 que el ex oficial de inteligencia israelí Victor Ostrovsky (abajo en el centro) había descubierto un complot en 1991 de una facción derechista del Mossad israelí para matar al Bush mayor, al que percibían como una amenaza para Israel. Ostrovsky proporcionó los detalles al ex congresista Pete McCloskey (abajo a la derecha), otro amigo de Bush, que transmitió una advertencia sobre el complot al Servicio Secreto. En su libro de 1994, *The Other Side of Deception*, Ostrovsky informa de que el Mossad había planeado asesinar a Bush en una conferencia en Madrid. Tras capturar a tres "extremistas" palestinos, el Mossad informó a la policía española de que los terroristas se dirigían a Madrid. El plan consistía en matar a Bush, liberar a los palestinos en el lugar y matarlos allí. El asesinato de Bush sería atribuido a los palestinos - otra "bandera falsa" del Mossad. Los principales medios de comunicación nunca informaron de esta impactante historia.

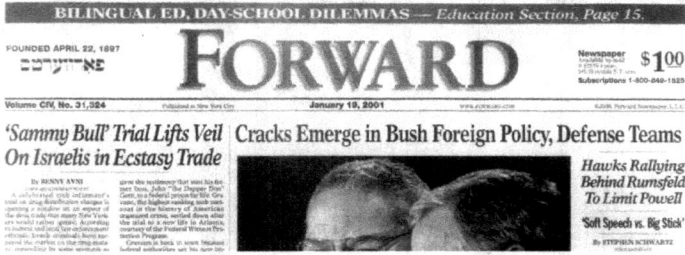

En enero de 2001, mientras los republicanos de base celebraban la nueva administración Bush y vitoreaban al admirado general Colin Powell, el héroe militar recién nombrado, los lectores de periódicos judíos como *Forward* recibían una imagen muy negativa de Powell. En un artículo de portada del 19 de enero de 2001 (arriba), *Forward* informaba de que el lobby israelí desconfiaba de Powell y que los "halcones" -los neoconservadores- estaban maniobrando "para limitar su poder sobre la política exterior y reforzar el del [Secretario de Defensa] Donald Rumsfeld". Cuando los neoconservadores empezaron a tocar el tambor a favor de una guerra contra Irak, medios de comunicación como *Time* (recuadro), de Edgar Bronfman, jefe del Congreso Judío Mundial, y luego *Newsweek* y su publicación hermana, el *Washington Post,* siguieron el ejemplo de *Forward* y empezaron a cuestionar la capacidad de Powell. Esencialmente, el delito de Powell era que no había apoyado suficientemente las demandas de los neoconservadores -la mayoría de los cuales nunca habían servido en el ejército- que querían que los estadounidenses fueran enviados como carne de cañón para Israel en una guerra contra Irak. Entre los más fervientes defensores del imperialismo "americano" se encuentran (de abajo a la izquierda) *Commentary,* publicado por la rama neoyorquina del Comité Judío Americano, *Weekly Standard* de Rupert Murdoch (editado por William Kristol) y *U.S. News & World Report,* propiedad de Mort Zuckerman, presidente de la Conferencia de Presidentes de las Principales Organizaciones Judías Americanas.

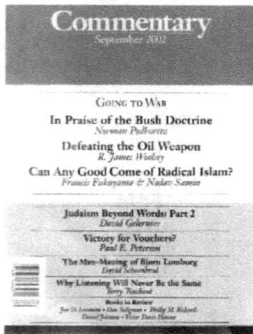

Israel lobby behind Iraq war plan

Khaleeg Times 3/12

By Syed Qamar Hasan

ABU DHABI — Prominent American journalist Michael Collins Piper has said that there is sufficient evidence to confirm the fact that the Israeli lobby was the major force driving Americans to war against Iraq.

Speaking at the Zayed Centre for Coordination and Follow-Up in Abu Dhabi, Mr Piper warned the international community that the Israelis would take advantage of the war and would possibly deport Palestinians, in pursuance of their policy to create 'Greater Israel'.

Author of the acclaimed book, *Final Judgement*, which linked the Israeli intelligence [...] assassination of John F. Kennedy, Mr Piper denounced what he described as the policy of double standards being followed by the US government in dealing with the Iraqi issue.

He called upon the international community to take serious note of the atrocities hu-[...]

inflicted upon the Palestinians by Israel. He said that the Americans were now convinced that any cooperation Saddam Hussein offered to the United Nations in getting rid of weapons of mass destruction would not satisfy President George W. Bush.

Criticising the American bias in favour of Israel, Mr Piper said: "President Bush seems to be driven by Christian fundamentalism and strong influence of the Jewish lobby."

He cited the 1983 Capitol Hill incident when a 22-year old Israeli Jew strapped himself with explosives and threatened to blow up the place.

"This was buried some-[...]

section," he said.

He also said that the Anti-Defamation League was hand in glove with Mossad and was functioning as an information gathering outfit for the Israeli spy agency.

"Several of the harsh reports in the US media about Saudi Arabia were taken verbatim from a 49-page, *White Paper* issued by the League.

He blamed Israel for the three major crises US polity faced during the latter half of the 20th century. He said the assassination of John. F. Kennedy, the Watergate scandal and the Monica Lewinsky affair had all been consequences of the Israeli policies vis-a

U.S. scribe urges concern for Palestinians

Piper denounces U.S. double-standards in dealing with issue of mass destruction weapons

By A Staff Reporter

A prominent American journalist has called upon the international community to show more concern to the deprivation, indignity and destruction inflicted upon the Palestinian people.

In a lecture at Zayed Centre for Coordination and Follow-up, Michel Collins Piper, described Israel as a "self-destructive" nation.

On the possibility of deporting the Palestinians outside their homeland he said this "is likely to be the Israeli policy if American attacks Iraq." This is a part of the Israeli strategy for building Greater Israel, he added.

Piper provided enough evidence to show that the Israeli lobby is playing the major role in the loom-[...]

destruction weapons issue. He said the "American citizen is convinced that whatever he the cooperation of Saddam Hussain, it will not satisfy President Bush."

Regarding the notorious book on Protocols of Zion's Elders, he said the "Jewish conspiracy is not a mere theory but a real fact." Piper criticised the American bias towards Israel and suggested that the "President Bush seems to be driven by Christian fundamentalism."

He added that no mention was made on the efforts of Israel to develop a bomb which would eliminate the Arab race.

Piper demonstrated in detail the Zionist influence on the American media through a handful "elite of rich and super rich Jewish families." Among the [...]

close ties with Israel's Mossad and functions as an information gathering outfit for it." Many of the attacks on Saudi Arabia in the major media come practically verbatim from a 49-page *White paper* issued by the ADL.

Piper went on to say that the three most talked about and most serious political convulsions that racked the American system of government during the last half of the 20th century can all be "traced most directly and definitely to the continuing conflict over Palestine and the apparent imperial role of Israel in Middle East's affairs; they are the assassination of John Kennedy; the Watergate Scandal; and the Monica Lewinsky affair.

Israel and Red China are involved in joint secret nuclear [...]

En marzo de 2003, en vísperas de la invasión estadounidense de Irak, Michael Collins Piper, autor de *The High Priests of War (Los sumos sacerdotes de la guerra)*, estuvo en Abu Dhabi, capital de los Emiratos Árabes Unidos (EAU), como invitado del distinguido Centro Zayed de Coordinación y Seguimiento, el think-tank oficial de la Liga de Estados Árabes. La conferencia de Piper, centrada en la parcialidad de los medios de comunicación estadounidenses a favor de Israel, recibió una cobertura muy favorable en la prensa árabe e inglesa de Oriente Medio (véase más arriba). Sin embargo, Piper se sorprendió al enterarse de que, a instancias de la Liga Antidifamación (ADL) de B'nai B'rith, el embajador de la administración Bush en los Emiratos Árabes Unidos se puso en contacto con el Centro Zayed para quejarse de la conferencia de Piper, tratando de sofocar los derechos de la Primera Enmienda de un ciudadano estadounidense mientras se encontraba en suelo extranjero. La ADL y el Middle East Media Research Institute (MEMRI), vinculado al Mossad, siguieron armando tal alboroto sobre las conferencias de Piper y otros en el Centro Zayed que la administración Bush acabó ejerciendo tanta presión sobre el gobierno de Abu Dhabi que el Centro Zayed fue cerrado, demostrando que el poder del lobby israelí se extiende incluso, al menos indirectamente, a las altas esferas del mundo árabe.

En 1992, el ex parlamentario Paul Findley señaló que "en todo lo que se ha escrito sobre el asesinato de John F. Kennedy, la agencia de inteligencia israelí, el Mossad, nunca ha sido mencionada, a pesar del hecho obvio de que la complicidad del Mossad es tan plausible como cualquiera de las otras teorías". Sin embargo, en 1994, en su libro *Juicio final* (derecha), Michael Collins Piper -autor de *Los sumos sacerdotes de la guerra*- documentó el papel desempeñado por el Mossad, junto a la CIA, en la conspiración de JFK. Aunque nunca ha estado a la venta en una librería importante, actualmente circulan unos 45.000 ejemplares de *Juicio Final*, más que otras obras más difundidas sobre el tema. En su 6ª edición, de 768 páginas (formulario de pedido en la página 127), *Juicio Final* explica cómo el asesinato de JFK permitió al lobby israelí adquirir el inmenso poder político del que goza en la actualidad. El libro muestra que en 1963, JFK (abajo a la izquierda) se vio envuelto en una secreta y amarga disputa con el líder israelí David Ben-Gurion sobre el deseo de Israel de construir la bomba atómica. Ben-Gurion dimitió disgustado, declarando que por culpa de JFK, "la existencia de Israel [estaba] en peligro". Tras el asesinato de JFK, la política estadounidense hacia Israel dio inmediatamente un giro de 180 grados. *Juicio Final* documenta lo que el periodista israelí Barry Chamish llama "un caso bastante convincente" de la implicación del Mossad en el asesinato de JFK. El hecho es que cuando el fiscal del distrito de Nueva Orleans, Jim Garrison, procesó a Clay Shaw, un ejecutivo de negocios, por conspirar en el asesinato, Garrison tropezó con el vínculo del Mossad: Shaw formaba parte del consejo de Permindex, una tapadera para las operaciones de compra de armas del Mossad. Uno de los principales accionistas de Permindex, el Banque de Crédit Internationale, con sede en Suiza, era el bastión de Tibor Rosenbaum, alto funcionario del Mossad y principal blanqueador de dinero de Meyer Lansky, "presidente" del sindicato del crimen y leal a Israel. El director general de Permindex era Louis Bloomfield, de Montreal, agente de la familia Bronfman, estrechos colaboradores de Lansky y destacados mecenas de Israel. *Juicio Final*

señala que el oficial de enlace del Mossad de la CIA James Angleton era un ferviente partidario de Israel que orquestó una falsa hipótesis que vinculaba al presunto asesino Lee Oswald con el KGB soviético. Incluso fuentes "convencionales" sobre el crimen organizado señalan que las principales figuras de la "mafia" acusadas de estar detrás del asesinato eran subordinados de Lansky. Es posible que Oliver Stone omitiera estos detalles en *JFK* porque su película fue financiada por Arnon Milchan, un traficante de armas israelí vinculado al contrabando de material para el programa nuclear de Israel, un punto de discordia entre JFK e Israel. Aunque el diplomático israelí Uri Palti calificó la tesis de Piper de "disparate" y el columnista proisraelí George Will la calificó de "vil licencia intelectual", *Los Angeles Times* admitió a regañadientes que *Juicio Final* era "verdaderamente nueva", declarando que "teje algunos de los hilos esenciales de un tapiz que muchos califican de único". En la misma semana en que la Asociación de Bibliotecas de Estados Unidos patrocinó la "Semana de los libros prohibidos" en 1997, la Liga Antidifamación (ADL), una de las principales fuerzas impulsoras del lobby israelí, causó un gran revuelo al obligar a cancelar un seminario universitario sobre el asesinato de JFK porque Piper había sido invitado a hablar. La ADL temía que estudiantes "impresionables" tomaran en serio a Piper, pero creía que esos mismos niños eran lo suficientemente mayores como para luchar en guerras extranjeras para proteger a Israel.

UNA CARTA DEL AUTOR:

Estimado lector:

Mi primer libro, JUICIO FINAL, explicaba esencialmente cómo y por qué el lobby israelí había conseguido hacerse tan poderoso en Washington, una consecuencia directa del asesinato de JFK.

Hay, por supuesto, quienes se niegan (por razones que comprendo) a reconocer que mi acusación de que el Mossad israelí desempeñó un papel clave en el asesinato de JFK se basa en fundamentos sólidos y bien documentados.

Lo que es indiscutible, sin embargo, es que la política estadounidense hacia Israel y el mundo árabe experimentó un innegable e inmediato giro de 180 grados tras el asesinato de JFK, y que el poder del lobby israelí se hizo más fuerte que nunca.

En *Los Sumos Sacerdotes de la Guerra*, examiné las fuerzas "neoconservadoras" que forman la columna vertebral del lobby israelí en la actualidad. Han ejercido su poder de un modo que ha llevado a la tragedia a Estados Unidos y al mundo, y que sin duda conducirá a más desastres en un futuro próximo. Son criminales desvergonzados de la peor calaña y no dudo en afirmarlo.

Escribir sobre estos temas es "radical" y "controvertido", pero, como suele decirse, es un trabajo sucio y alguien tiene que hacerlo. No me disculpo por decir la verdad.

Por eso agradezco el apoyo y las críticas constructivas que he recibido de mis lectores a lo largo de los años. Siempre estoy deseando recibir sus correos electrónicos y cartas y escuchar lo que tienen que decir.

MICHAEL COLLINS PIPER

MICHAEL COLLINS PIPER

204 |

Otros títulos

OMNIA VERITAS

Omnia Veritas Ltd presenta:

HISTORIA PROSCRITA
I
LOS BANQUEROS Y LAS REVOLUCIONES

POR

VICTORIA FORNER

Los procesos revolucionarios necesitan agentes, organización y, sobre todo, financiación, dinero.

LAS COSAS NO SON A VECES LO QUE APARENTAN...

OMNIA VERITAS

Omnia Veritas Ltd presenta:

HISTORIA PROSCRITA
II
LA HISTORIA SILENCIADA DE ENTREGUERRAS

POR

VICTORIA FORNER

"El verdadero crimen es acabar una guerra con el fin de hacer inevitable la próxima."

EL TRATADO DE VERSALLES FUE "UN DICTADO DE ODIO Y DE LATROCINIO"

OMNIA VERITAS

Omnia Veritas Ltd presenta:

HISTORIA PROSCRITA
III
LA II GUERRA MUNDIAL Y LA POSGUERRA

POR

VICTORIA FORNER

Distintas fuerzas trabajaban para la guerra en los países europeos

MUCHOS AGENTES SERVÍAN INTERESES DE UN PARTIDO BELICISTA TRANSNACIONAL

OMNIA VERITAS
OMNIA VERITAS LTD PRESENTA:
ROGER GARAUDY
LOS MITOS FUNDACIONALES DEL ESTADO DE ISRAEL
ROGER GARAUDY
LOS MITOS FUNDACIONALES DEL ESTADO DE ISRAEL
¿Quién es culpable? ¿Quién comete el crimen o quién lo denuncia?

OMNIA VERITAS
OMNIA VERITAS LTD PRESENTA.
LOS AUTORES OCULTOS de la REVOLUCIÓN FRANCESA
"Parece", dijo una vez Robespierre a Amar, "que nos lleva una mano invisible que escapa a nuestro control..."
por HENRI POUGET DE SAINT-ANDRÉ
LOS AUTORES OCULTOS de la REVOLUCIÓN FRANCESA
Cuanto más estudiamos la historia de la Revolución Francesa, más nos topamos con enigmas...

OMNIA VERITAS
OMNIA VERITAS LTD PRESENTA:
LA TRILOGÍA WALL $TREET
POR ANTONY SUTTON
ANTONY SUTTON
LA TRILOGÍA WALL $TREET
"'El profesor Sutton será recordado por su trilogía: Wall St. y la revolución bolchevique, Wall St. y FDR, y Wall St. y el ascenso de Hitler."
Esta trilogía describe la influencia del poder financiero en tres acontecimientos clave de la historia reciente

www.ingramcontent.com/pod-product-compliance
Lightning Source LLC
Chambersburg PA
CBHW071642280326
41928CB00068B/2211